JULIA ENGELMANN

Lass mal an uns selber glauben

GOLDMANN
Lesen erleben

Buch

Seit ihrem bewegenden Internethit »One Day« fängt Julia
Engelmann das Lebensgefühl einer ganzen Generation ein und
begeistert ein Millionenpublikum. Ihre gefühlvollen Zeilen über
das Leben, über Liebe und Zuhause und über die Suche nach
dem Glück gehen direkt ins Herz. Dieser Band versammelt die
schönsten Gedichte aus ihren ersten sechs Poetry-Büchern und
beinhaltet darüber hinaus sechs ganz neue Texte. Berührende
Gedichte wie »Grapefruit«, »Glücksverkatert«, »Keine Ahnung,
ob das Liebe ist« und »One Day« schenken Zuversicht und
Hoffnung. Mitreißend macht Julia Engelmann uns allen Mut,
unsere Träume zu verwirklichen und Glücksmomente mit Konfetti
zu feiern: »Lass mal an uns selber glauben, ist mir egal,
ob das verrückt ist. Also los, schreiben wir Geschichten,
die wir später gern erzählen!«

Weitere Informationen zu Julia Engelmann
sowie zu lieferbaren Titeln der Autorin
finden Sie am Ende des Buches.

Julia Engelmann

Lass mal an uns selber glauben

Meine schönsten Gedichte

Mit Illustrationen der Autorin

GOLDMANN

Penguin Random House Verlagsgruppe FSC® N001967

1. Auflage
Originalausgabe November 2021
Copyright © 2021 by Wilhelm Goldmann Verlag, München,
in der Penguin Random House Verlagsgruppe GmbH,
Neumarkter Str. 28, 81673 München
Umschlaggestaltung: UNO Werbeagentur, München
Umschlagmotive: Illustrationen von Julia Engelmann;
FinePic®, München
Autorenfoto: © Marta Urbanelis
KS · Herstellung: Han
Satz: Uhl + Massopust, Aalen
Druck und Bindung: Friedrich Pustet, Regensburg
Printed in Germany
ISBN: 978-3-442-31642-7
www.goldmann-verlag.de

Besuchen Sie den Goldmann Verlag im Netz

LIEBE LESER*INNEN,

das Buch, das ihr da gerade in den Händen haltet, ist mein erster Best-of-Band und für mich etwas ganz Besonderes. Ich hätte eher erwartet, dass ich eine Sammlung meiner schönsten Gedichte frühestens – wenn überhaupt – im Alter von siebzig für euch zusammenstellen würde. Aber so ist das Leben, oder nicht? Voller überraschender Wunder.

Poesie ist für mich eine Weltanschauung. Ein Ort, an dem es kein Richtig und Falsch gibt, sondern Raum für die Schönheit scheinbar kleiner Momente und die Liebe zu großen Fragen. Ich hatte zwei davon, als ich 2009 (sehr aufgeregt und nach tagelangen Proben im Wohnzimmer meiner Eltern) in Bremen bei meinem ersten Poetry-Slam aufgetreten bin. Erstens: Geht es anderen auch so wie mir? Zweitens: Falls ja, können wir gemeinsam Hoffnung finden? Denn ich habe mich oft anders als die anderen gefühlt, die mir allesamt meilenweit entfernt vorkamen, und gleichzeitig habe ich gedacht, dass das unmöglich eine exklusive Eigenschaft sein kann. Am Ende des Abends hatte ich keine Antwort. Ich wusste zwar, dass ich für immer weiterschreiben würde, aber ich konnte nicht ahnen, dass ich eines Tages hauptberuflich Dichterin sein und eine Reihe von Büchern veröffentlichen könnte, die andere Menschen lesen. Richtig glauben kann ich es bis heute nicht.

Wenn ich die letzten Jahre Revue passieren lasse, denke

ich ans Versuchen und Suchen, an Sehnsucht und auch ans Finden. An Notizbuchberge und Zeichnungenstapel. Ans Moodboardbasteln und Playlistkuratieren. Ans Schwimmen und Dabei-die-ganze-Zeit-an-diese-eine-Zeile-Denken. Ans Schreiben in ICEs, im Ausland, auf Partys, ins Smartphone. Und ich denke an Menschen, denen ich unglaublich dankbar bin.

Besonderen Dank möchte ich meiner Mutter Bea Engelmann aussprechen, die von der ersten Stunde (im Wohnzimmer) an mich und meine Gedanken geglaubt und jedem einzelnen Buch bei der Verwirklichung geholfen hat. Ebenso gilt mein Dank meiner Lektorin Kerstin Schaub, die meine Vorfreude auf jedes Manuskript nicht nur teilt, sondern mit mir verdoppelt, und dem mir treu gebliebenen Goldmann Verlag.

Ich denke auch an euch. Und ich danke euch von ganzem Herzen. Für eure Nachrichten, dass meine Worte den Weg in eure Hochzeits-, Abi- und Trauerreden und in eure Liebes- und Lebensgeschichten gefunden haben und zu Tattoos werden. Für eure Unterstützung auf jeder Tour und auf Social Media. Danke für jedes »Danke«, jedes »Es geht mir auch so«, jedes »Mach bitte weiter so«. Wenn ich durch die Begegnungen mit euch eines gelernt habe, dann, dass wir uns alle oft ähnlicher und näher sind, als es scheint. Und dass es unglaublich viel Hoffnung gibt. Für jeden.

Eine Sache möchte ich noch teilen: Ich hatte über die Jahre sehr oft Zweifel, ob ich das, was ich tue, auch gut genug kann oder ob ich gut genug bin. Aber die Anziehungskraft des nächsten Verses und all dessen, was ich werden könnte, war immer stärker als die Angst. Falls das hier einer von euch liest und insgeheim euer Wunsch und Bauchgefühl Richtung Schreiben zeigen (oder eindeutig zu einer anderen Sache), würde ich sagen: Vertraut eurem Bauchgefühl. Jeder kann schreiben. Und etwas Neues, Mutiges zu wagen ist immer auch schon Gewinnen.

Das Buch, das ihr da gerade in den Händen haltet, ist also eine wunderbare Gruppenarbeit und ein Beweis für überraschende Wunder. In diesem Sinne: Ich wünsche euch alles, was ihr euch wünscht.

Viel Freude beim lesen.
Lasst mal an uns
   selber glauben ♡
Alles Liebe
   Julia

GRAPEFRUIT

Über dir hängt Schwermut an der Wand
   wie eine sehr alte Girlande,
mit einem Meer aus Elefanten
   und Betonluftballons dran,
die geformt sind wie Monster.

Wie andere Edelparfüm
   trägst du 'nen düsteren Blick, so düster –
Lana del Rey wär sicher neidisch auf dich.
   Du sagst, dass das dein Schicksal ist,
dass du ab jetzt für immer traurig bist.
   Doch, sorry, daran glaub ich nicht.

Denn, weißt du, Dinge werden wahr,
   wenn man sie oft genug sagt,
wenn man sie oft genug…
   heute wird ein schöner…

Und, weißt du, Dinge werden wahr,
   wenn man sie oft genug sagt,
wenn man sie oft genug…
   heute wird ein schöner Tag.

Siehst du, ich versteh dich,
   das ist erst mal nur 'ne These.
Doch ich glaube, ich versteh dich,
   denn es ging mir schon mal ähnlich wie dir.
Vielleicht weiß ich auch zu wenig über dich –
   doch dein trauriges Gesicht,
das erinnert mich an mich.

Komm, wir machen mal das Fenster auf
   und Coldplay ganz laut,
lassen frischen Wind herein
   und alle alten Sorgen heraus.
Auch wenn du jetzt nicht dran glaubst,
   wirst du trotzdem glücklich,
und heute gibt es Grapefruit zum Frühstück.

Weißt du, letztes Jahr,
   in etwa in genau dem gleichen Zeitfenster wie jetzt,
hab ich mit stumpfen Schwertern
   innere Gespenster bekämpft,
lag jeden Tag nur im Bett
   und hab mir Fragen gestellt, wie zum Beispiel:
Was ist bloß mein Plan auf der Welt?

Aber all das Kopfzerbrechen,
   die gefährlichen Gefechte
und Duelle gegen mich
   zehrten sehr an meinen Kräften,
bis ich mir mit weißen Flaggen nachts
   den Frieden angeboten hab,
weil ich, auch wenn ich gewinne,
   doch am Ende bloß verloren hab.

Ich wollte immer wie die anderen sein –
   nur dass das absolut nichts bringt
und dass das absolut nicht geht,
   weil es die anderen ja schon gibt.
Der Tag, an dem das klar war,
   war für mich der erste Neubeginn.
Heute kann ich sagen,
   dass ich meine beste Freundin bin.

Und all die schönen Dinge auf der Welt,
   das kann kein Zufall sein.
Da hat es Mutter Erde mit uns
   Menschen ganz schön gut gemeint.
Die Zeit vergeht zu schnell,
   um den Gedankenmonstern zu verfallen,
und was du denkst – ganz generell –,
   ja, das entscheidest immer du allein.

Guck mal:
Umarmungen und Blumen
   und im Sommerregen duschen,
schwimmen, atmen, lesen, schlafen,
   Freunde und Momentaufnahmen,

lieben, lachen, kochen, tanzen,
  Weihnachten, wie nice das ist,
und dann noch begreifen,
  dass du deine eigene Heimat bist,
und dann noch singen und wir beide
  bis zum Morgen in der Küche
und Coldplay und vor allem:
  Grapefruit zum Frühstück!

Eins noch: Mit 'nem Beinbruch
  gehst du auch zum Orthopäden,
deshalb kannst du ja vielleicht
  mal mit 'nem Psychologen reden.
Deshalb bist du nicht verrückt,
  also auch nicht mehr als ich.
Nimm deine »Summertime Sadness« ab
  und zeig mir dein Gesicht.

Ich will dir noch vieles sagen,
  wie zum Beispiel: Du musst Phasen
so wie gerade nicht ertragen,
  nicht mal heimlich.
Und hör nicht auf die Zweifel,
  denn du bist nicht alleine hier.
Alles geht immer weiter –
  immer weiter so wie wir.

Denn weißt du, Dinge werden wahr,
  wenn man sie oft genug sagt,
wenn man sie oft genug...
  heute wird ein schöner...

Und weißt du, Dinge werden wahr,
  wenn man sie oft genug sagt,
wenn man sie oft genug sagt,
  heute ist ein schöner Tag.

Komm, wir machen mal das Fenster auf,
  das Radio laut,
lassen frischen Wind herein
  und alle alten Sorgen heraus.
Wenn du fest daran glaubst,
  wirst du wieder glücklich,
und heute gibt es Grapefruit zum Frühstück.

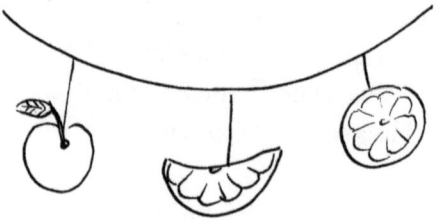

Keine Ahnung, ob das Liebe ist

~~DAS IST LIEBE~~

~~vielleicht~~

Sub specie aeternitatis

Unterm Gesichtspunkt der Ewigkeit
   sind wir beide ziemlich klein.
Aber guckt man nur auf Lebenszeit,
   könnten wir nicht größer sein.

Ich weiß, wir sind beide nicht für immer,
   aber immer, wenn ich an dich denke,
kommt es mir so vor,
   oder ein bisschen zumindest,
und das Licht in deinem Zimmer
   scheint so oft aus offenen Fenstern
in die Großstadtnacht empor.

Gleich eins, wir spielen Tetris mit den Armen,
   ich habe zwei Drittel deiner Decke,
aber das macht dir nichts aus,
   denn du schläfst schon in der anderen
Ecke vom Ikea-Holzbett,
   und ich starre währenddessen
in das Weltall hoch hinauf.

13

Keine Ahnung, ob das Liebe ist,
  vielleicht werde ich das nie wissen.
Aber immer, wenn du bei mir bist,
  hör ich auf, dich zu vermissen.

Von weit weg höre ich die Straße
  plus das Surren deines Kühlschranks
und ein bisschen Stille auch.
  Das ist alles viel zu flüchtig,
so wie unser beider Atem –
  ist wie Schaukelwind am Spielplatz,
und ich träum mit Augen auf.

Mit dir sind die Tage abends länger,
und die Nächte werden kürzer,
es ist alles schön und viel.
Wir dehnen die Momente
von Sekunden gen unendlich.
Damit ich dich nie vergesse,
ist es besser, du hältst still.

Keine Ahnung, ob das Liebe ist,
also ich kann das nicht wissen.
Was ich weiß, ist, wenn du bei mir bist,
hör ich auf, dich zu vermissen.

Ich weiß, wir beide sind nicht für immer,
aber immer, wenn ich an dich denke,
kommt es mir so vor,
oder ein bisschen zumindest,
denn das Licht in deinem Zimmer
scheint so oft aus offenen Fenstern
in die Großstadtnacht empor.

Wer weiß, vielleicht schaut ja grad per Zufall
ein Kometenpaar zusammen
auf die Erde, weit entfernt,
guckt vorbei an allen Ampeln
in dein Fenster auf die Lampe,
dann sagt einer zu dem anderen:
»Guck mal da, ein kleiner Stern!«

Keine Ahnung, ob das Liebe ist,
    doch ich brauch das nicht zu wissen.
Aber immer wenn du bei mir bist,
    hör ich auf, dich zu vermissen.

Unterm Gesichtspunkt der Ewigkeit
    sind wir nichts, nur ein Schritt,
den man einmal vergehen kann.
    Aber guckt man nur auf Lebenszeit,
sind wir sicherlich das Größte,
    das ich bisher gesehen hab.

FÜR MEINEN BRUDER

Ich wollte an was Schönes denken
    und konnte nicht, die ganze Nacht.
Mir ist nur Schweres eingefallen,
    so vieles, was mir Sorgen macht.
Hab lange nicht mehr losgelassen,
    lange nicht mehr laut gelacht.
So wollt ich mich ergeben –
    und dann hab ich an dich gedacht.

Am Rande einer Felsenklippe,
    wo der blassgewellte Himmel
aus allen weitgereisten
    perlmuttgrauen Federwolken fällt,
liegt, weich eingerahmt von Weizen-
    flächen, Wiesen, Bäumen, Bächen,
fast wie von van Gogh bestellt,
    ein bernsteingelbes Roggenfeld.

Hier zirpen Grillen,
und Libellen chillen
    auf Kamillenblütenwippen,
wirbeln unsere wilden Schritte
    um die kornbestickte Mitte.

Schilf, Riffe, Wind, Schiffe
und des Meeres laute Stimme
singen mit der Küste
eine Hymne auf die Stille.

Hier spielen wir beide,
seit wir klein sind,
in der Weite, du und ich,
ganz alleine, seit wir klein sind,
in der Freiheit, du und ich.
Und wann immer etwas ist,
bist du hier, wenn ich dich brauch.
Manchmal spielen wir Fangen,
wenn ich falle, fängst du mich auf.

An irgendeinem Vormittag
   in irgendeiner Woche –
ich trag dich gerade huckepack,
   wir albern durch den Roggen –
steht in der Mitte auf dem Feld
   und dreht sich unerschrocken
   ein holzgeschnitztes Karussell.
Es wirkt fast wie ein Zirkuszelt,
   die Lichterketten leuchten hell,
es spielen leise Glocken.

Ein Karussell wie aus dem Bilderbuch
   mit rot-weißen Markisen,
verziert mit Ornamenten,
   Bildern, Glühbirnen und Spiegeln.
In der Luft der Duft von Zuckerwatte
   und gebrannten Mandeln,
und ein Affe mit Krawatte
   musiziert am Leierkasten.
Wir steigen auf die Sättel bunter
   Zootiere aus Plastik.
Du hältst die Mähne eines Löwen,
   ich den Hals einer Giraffe.

Wir verlieren uns eine Weile
   ohne Eile, du und ich,
treiben von alleine
   immer weiter, du und ich.
Vielleicht, denke ich leise,
   könnten wir noch länger bleiben,
als uns Lichtschweife wie
   Hula-Hoop-Reifen umkreisen.

Da betrachte ich dich,
  wie du neben mir sitzt.
Schatten kaspern Faxen
  machend über dein Gesicht.
Ich hab dich so lieb,
  manchmal lieber als mich.
Ich frag mich ob du weißt,
  was du alles für mich bist.

An einem anderen Vormittag
  in einer anderen Woche
passiert etwas sehr Seltsames.
  Wir haben das nie besprochen.
Da trete ich einfach so
  aus dem Roggen heraus
und verdächtig nah
  an den Abgrund heran,
steh mit den Füßen im Sand
  am mystischen Rand,
sehe auf das tobende Wasser hinab.
  Salziger Sturm umpfeift meine Nase.
Bevor das Dunkel mich einnimmt,
  höre ich dich sagen:
»Du musst nicht in jeden Abgrund springen,
  um Tiefgang zu haben.«

Wir kehren zusammen
  zum Roggen zurück.
Still spielen wir weiter,
  als wenn gar nichts ist.

Ich hab dich so lieb,
   manchmal lieber als mich.
Weißt du eigentlich,
   was du alles für mich bist?

Du bist diese Sache,
   die auch hell ist, wenn ich dunkel bin.
Du bist der Gedanke,
   der in der Kälte mich zum Schmunzeln bringt.
Du bist der Strauß aus Luftballons,
   der mein Haus nach oben zieht.
Du bist der Parabelflug,
   der gegen meine Schwerkraft siegt.

Und ich, ich will dein Vorbild sein
   und will dich gern beschützen.
Ich könnte sicher leichter sein,
   doch eines sollst du wissen:
Wann immer etwas ist,
   ich bin hier, wenn du mich brauchst.
Ich komm zu dir und mit dir mit,
   und wenn du fällst, fang ich dich auf.

Wenn ich weggehen will,
    kann ich's nicht wegen dir.
Wenn ich alles schlecht sehen will,
    kann ich es nicht wegen dir,
Du bist meine Hoffnung,
    und mit dir kann ich nie einsam sein.
Du bist mein »Fänger im Roggen«,
    und ich will gerne deiner sein.

ONE DAY / RECKONING TEXT
für Asaf

»One day, baby, we'll be old,
   oh baby, we'll be old
and think of all the stories
   that we could have told.«

Eines Tages, Baby, werden wir alt sein,
   oh Baby, werden wir alt sein
und an all die Geschichten denken,
   die wir hätten erzählen können.

Wer ich bin?

Ich bin der Meister der Streiche,
   wenn's um Selbstbetrug geht,
ein Kleinkind vom Feinsten,
   wenn ich vor Aufgaben steh.
Bin ein entschleunigtes Teilchen,
   kann auf keinsten was reißen,
lass mich begeistern für Leichtsinn –
   wenn ein anderer ihn lebt.

Ich denke zu viel nach,
   ich warte zu viel ab,
ich nehm mir zu viel vor,
   und ich mach davon zu wenig.

Ich zweifle alles an,
    halte mich zu oft zurück,
ich wäre gerne klug –
    allein das ist ziemlich dämlich.

Ich würde so vieles sagen, aber bleibe meistens still,
weil – wenn ich das alles sagen würde,
    wär das viel zu viel.
Es gibt zu viel zu tun,
    meine Listen sind so lang,
ich werd das eh nie alles schaffen,
    also fang ich gar nicht an.

Und eines Tages, Baby, werde ich alt sein,
    oh Baby, werde ich alt sein
und an all die Geschichten denken,
    die ich hätte erzählen können.

Stattdessen?

Stattdessen häng ich planlos vorm Smartphone,
    wart bloß auf den nächsten Freitag.
»Ach, das mach ich später«
    ist die Baseline meines Alltags.
Ich bin so furchtbar faul
    wie ein Kieselstein am Meeresgrund.
Ich bin so furchtbar faul,
    mein Patronus ist ein Schweinehund.
Mein Leben ist ein Wartezimmer,
    niemand ruft mich auf.
Mein Dopamin – das spar ich immer,
    falls ich's noch mal brauch.

Und du?

Du murmelst jedes Jahr neu an Silvester
  die wieder gleichen Vorsätze treu in dein Sektglas.
Und Ende Dezember stellst du fest,
  dass du recht hast,
wenn du sagst, dass du sie dieses Mal
  schon wieder vercheckt hast.
Dabei sollte für dich doch schon 2013
  »das erste Jahr vom Rest deines Lebens« werden.
Du wolltest abnehmen, früher aufstehen, öfter rausgehn,
mal deine Träume angehn, mal die Tagesschau sehen
  für dein Smalltalk-Allgemeinwissen.
Aber so wie jedes Jahr,
  obwohl du nicht damit gerechnet hast,
kam dir wieder mal der Alltag dazwischen.

Unser Leben ist ein Wartezimmer,
  niemand ruft uns auf.
Unser Dopamin – das sparen wir immer,
  falls wir es später brauchen.
Wir sind jung und haben so viel Zeit,
  warum soll'n wir was riskieren?
Wir wollen keine Fehler machen,
  wollen auch nichts verlieren.

Und es bleibt so viel zu tun, unsre Listen bleiben lang,
  und so geht Tag für Tag ganz still ins unbekannte Land.
Aus »Das mach ich später« wird »Ach, das mach ich später«
  wird »AHHHH, das mach ich später!« wird jetzt.

Und eines Tages, Baby, werden wir alt sein,
oh Baby, werden wir alt sein
und an all die Geschichten denken,
die wir hätten erzählen können.

Und die Geschichten,
    die wir dann stattdessen erzählen,
werden traurige Konjunktive sein wie –

»Einmal wär ich fast einen Marathon gelaufen
    und hätte fast die Buddenbrooks gelesen,
und ich wär mal beinah
    ›bis die Wolken wieder lila‹ waren noch wach
    gewesen,
fast hätten wir uns mal demaskiert
    und gesehen, wir sind die Gleichen,
und dann hätten wir uns fast gesagt,
    wie viel wir uns bedeuten« –

    werden wir erzählen.
Und dass wir bloß faul und feige waren,
    das werden wir verschweigen
und uns heimlich wünschen,
    noch ein bisschen hierzubleiben.

Wenn wir dann alt sind und unsere Tage knapp –
    und das wird sowieso passieren –,
dann erst werden wir kapieren,
    wir hatten nie was zu verlieren.
Denn das Leben, das wir führen wollen,
    das können wir selber wählen.

Also los!, schreiben wir Geschichten,
   die wir später gern erzählen.

Also!

Lass uns nachts lange wach bleiben,
   aufs höchste Hausdach der Stadt steigen,
lachend und vom Takt frei
   die allertollsten Lieder singen!
Lass uns Feste wie Konfetti schmeißen,
   sehen, wie sie zu Boden reisen,
und die gefallenen Feste feiern,
   »bis die Wolken wieder lila sind«!
Lass mal an uns selber glauben,
   ist mir egal, ob das verrückt ist!
Wer genau guckt, sieht,
   dass Mut auch bloß ein Anagramm von Glück ist.

Wer immer wir auch waren,
  lass uns werden, wer wir sein wollen.
Wir haben viel zu lang gewartet,
  lass uns Dopamin vergeuden!
»Der Sinn des Lebens ist Leben« –
  das hat schon Casper gesagt.
»Let's make the most of the night« –
  das hat schon Ke$ha gesagt.
Lass uns möglichst viele Fehler machen
  und möglichst viel aus ihnen lernen,
lass uns jetzt schon Gutes säen,
  damit wir später Gutes ernten!
Lass uns alles tun, weil wir können
  und nicht müssen,
jetzt sind wir jung und lebendig,
  und das soll ruhig jeder wissen!
Lass uns uns mal demaskieren
  und dann sehen, wir sind die Gleichen,
und dann können wir uns noch sagen,
  dass wir uns viel bedeuten!

Denn unsere Tage gehen vorbei –
  das wird sowieso passieren –,
und bis dahin sind wir frei,
  und es gibt nichts zu verlieren.
Das Leben, das wir führen wollen,
  wir können es selber wählen.
Also los, schreiben wir Geschichten,
  die wir später gern erzählen!

Und eines Tages, Baby, werden wir alt sein,
oh Baby, werden wir alt sein
und an all die Geschichten denken –
die für immer unsere sind.

AKA BTW ~~CU~~ *Coconut Oil*

Attention, attraction, apps, abs, #ad,
all-rounder, all-nighter, Avocadotoast, @at.
Bluetooth, blues, boost, body shaming,
      backstage,
       barcode, bagel, burn-out,
        blogger, Brangelina, backlash,
       BS, BFF, bae, babe, be right back,
      bitcoin, binge-watch, Bachelorette, Brexit,
      break.
     (I'm) craving chia seeds
(and) carrot cakes like crazy,
(we're) crowdfunding, couch-surfing,
car-sharing, champions.
non-dairy, no diggity, digging it, digital detox.
Eat, sleep, email, repeat! Eyeliner, edited, egos,
extensions, emojis, events – embrace it!
FML, FOMO, feminist, facelift,
fake news … till you make it?!
Green-juice-#goals!
Glad you're glowing while ghosting me!
I'm gonna go, googling what
global warming for our generation means!
Human enhancement, human resources,
humans, they hand and they »harlem shake«.
I'm not hating, I'm just hangry,
high-fiving of the hearts that ache.

avocadotoast

bagel

ghosting

Inside, info, indoor, impact, image, IBAN, interface,
influencer, inspiration, ice, incentive, just in case.
Jetset, jetlag, jackpot, Jenner, Kardashian,
Karma, ketchup, keyboard, killing it, K-Pop-Fan.
LGBT, leg day, looser, laptop, lava, label, low,
ladies, let's get lost, let's get loud, let's go.
Millennials meditate, maximize, managing
man buns and minimal muffin-tops, maybe!
Minions mastering media marketing,
models make mental health mainstream. Navi,
nope, noob, no poo, nonstop, nonsense, NSA,
Netflix, nerd, news, nomophobic, NBA.
Overdeliver, overachieve, overly attached,
overnight oats, over the moon,
One-Woman-Show, open and close,
Pokemon Go!
Party, Paypal, pancake, planking,
popcorn, podcast, paleo, pub,
power, poker, poetry, paintball,
playlist, pumps, pansexual, punk.
Quantified self, Quarterlife Crisis,
Raw, redeye, swipe to sugar free side dish,
Silicon Valley, snack,
Spotify, streaming, spam,
#sorrynotsorry, sneak,
super-surreal,
sabbatical, soulmate, squad,
stranger, screen, sitcom, shit,
sixpack, slang, snippet,
the struggle is real!
(Same here!)
Tinder, trigger, try that,

underdressed

bae

TMI, trend, thigh gap.
Underdog, underdressed,
Vegan vibe, Kanye…
West!
XXXL!
Yes, we can!
YouTube, y don't I feel
zen?!

Oh Internet, oh Internet,
look at what you've done.
You are still the one to blame,
dass ich kein Deutsch
mehr sprechen kann.
There's an English girl inside of me
and, guys, she has left her house
because she thinks she speaks so good
(which I must say I highly doubt).
In fact her Denglish really sounds
(if you hear her speak it loud)
not like the yellow of the egg,
but on the other hand it goes.

LASS MAL 'NE NACHT DRÜBER TANZEN

Und immerzu denken wir nach,
    es gibt ja auch viel zu bedenken.
Doch hat es noch keinem geschadet,
    sich ab und an gut abzulenken.
Und immerzu suchen wir Liebe,
    sie ist ja auch wirklich was Feines.
Doch steht sie nicht immer verfügbar bereit,
    und so bleiben wir manchmal alleine.
Und immerzu haben wir Fragen,
    es ist ja auch vieles so unklar.
Doch all das zu klären
    dauert mehr als ein Jahr,
vielleicht auch ein ganzes Jahrhundert.

Also, lass mal 'ne Nacht drüber tanzen,
Leichtmut und Freiheitsluft tanken
    und alle Gedanken parken an der Garderobe
    wie die Jacken von entfernten Bekannten.
Frühestens morgen, wenn wir dann wankend
    entspannt landen, wo wir eben noch standen,
stellen wir uns tapfer den ganzen
    gigantischen, großen Gedanken –
sind frei.

»Die Gedanken sind frei.«
Und wir tanzen zu zweit.

Und wir tanzen – bis wir vergessen, welcher Tag ist.
Und wir tanzen – bis wir vergessen, was wahr ist.
Und wir tanzen – bis wir vergessen, wie man stillsteht.
Tanzen – bis wir vergessen, wie man still lebt.

Bunte Punkte von Diskokugeln
    schwimmen durch die Menge
    wie fliegende Fische im Schwarm.
Dich kann ich vor mir
    im Stroboskop-Schwarzlicht
    im nebligen Pulk nur erahnen.
Wir elektroswingen
    zwischen pink blinkenden
    LED-Strahlern
    zu Parov Stelar.
Wir downsteppen
    Bewusstseinswendeltreppen
    zu Dubstep-Bässen
    so bunt wie Frühstücksbrettchen.

Wir wippen trippelnden Schrittes
   zu den hippsten Rhythmen
   von Hip-Hop-Remixen.

Wir breakdancen
   Breakup-Heartbreaks away,
and »we can be heroes,
   just for one day«.
And our pain is contemporary.

Wir pinabauschen im Rausch,
   lauschen staunend dem Tausch
   von lauter und laut:

Ba Ba Ba Boom, Va Va Va Voom.

Lass uns was tun, was wir noch nie gemacht haben,
denn dadurch lernt ja der Mensch nur dazu.

Und Ba Ba Ba Boom, und Va Va Va Voom.

Lass uns so tun, als wären wir immer jung,
und erst wenn es zu laut ist, find ich meine Ruh.

Und Ba Ba Ba Boom, und Va Va Va Voom.

Lass mal 'ne Nacht drüber tanzen
   und zwar ohne alle Gedanken –
sind frei.
»Die Gedanken sind frei.«
Die Gedanken sind freie Wildgänse auf Reisen.
Die Gedanken sind leichte und heitere Kreisel,

sie ringeln und wirbeln sich um ihre Mitte
wie wippende Derwische mit ihren Kitteln –
die bringen die Röcke wie kippende Klippen
und schüttelnde Würfel vom Sitzen zum Trippeln.

Und wir tanzen – bis wir vergessen, welcher Tag ist.
Und wir tanzen – bis wir vergessen, was wahr ist.
Und wir tanzen – bis wir vergessen, wie man stillsteht.
Tanzen – bis wir vergessen, wie man still lebt.

Auf der Mauer sitzen.
Kurze Pause vor der Tür.
Kollektives Schwitzen.
Alle rauchen, nur nicht wir –
schweigen nur wartend und atmen,
kalte Hände in Ärmeln vergraben.
Sogar der Himmel hat heute getrunken!
Man erkennt das am dunkel gewordenen Rotweinmond.
Guck mal, wie er rubinmäßig funkelnd
majestätisch über grünenden Baumkronen thront.

Von der Mauer aufstehen.
Zurück in den Club gehen.
Dann weitertanzen.
Wir sind heute so gut drauf.
Leitungswasser für lau
    schmeckt süßer als Bier,
und in versifften Spiegeln
    sieht man immer so gut aus.

Und wir tanzen – bis wir vergessen, welcher Tag ist.
Und wir tanzen – bis wir vergessen, was wahr ist.
Und wir tanzen – bis wir vergessen, wie man stillsteht.
Tanzen – bis wir vergessen, wie man still lebt.

Und wir tanzen, und wir tanzen,
und wir tanzen, und wir tanzen,
und wir tanzen, und wir tanzen,
und wir tanzen…

Als alles vorbei ist, treten wir leise
    und Schulter an Schulter die Heimreise an.
Die Wolken sehen auf besondere Weise,
    angeleuchtet vom Sonnenaufgang,
    aus wie Polarlichter vor hellblauem Himmel,
und die schlummernde Skyline
    ist nur eine kleine,
    aus Pappe gebaute Theaterkulisse.
Und alles Gehörte hallt dröhnend,
    wie Echos in Höhlen ertönend,
    in unseren Ohren herum:

Ba Ba Ba Boom, Va Va Va Voom.

So gehen wir auf schwebenden Fersen,
    Jeansjacken tragend wie Schärpen,
    nach Hause, um Mützen mit Kraft voll zu tanken.
Und über uns, luftballonleicht,
    fliegt eine Wildgans und trägt die Gedanken –
sind frei.
»Unsere Gedanken sind frei.«
Und wir sind zu zweit.

Das Ende der Nacht
    ist der Anfang vom Schlaf.
Und wer als Erster erwacht,
    der eröffnet den Tag.

WASSERMELONENNAGELLACKROT

Das Wassermelonenfleisch ist nagellackrot,
   die Schale ist graswaldblattgrün.
Schmeckt nach Ferien, Freibad und Sims-Häuser-Bauen,
   der Backsteinterrassentisch glüht.

Die fröhlichen Vögel des Baumkronenorchesters
   stimmen eifrig die Schnäbel und schnattern.
»Those were the days, my friend«, singt's Küchenradio,
   mein Vater macht Werkstattgeklapper.

Ich starre ein paar Wolken ins Poolhimmelblau
   und Regen dazu, dann und wann.
Die Sonne erkennt meine Absicht genau,
   sie strahlt mich ganz unbeirrt an.

Dann denk ich an dich, und ich wünschte,
   du wärst hier, ich würde dich gerne bald sehen.
Zerrissenheit ist eine Schwäche von mir,
   doch du hast gesagt: »Das ist schön.«

Warum habe ich dir nicht längst schon gesagt,
    wie viel dieser Satz mir bedeutet?
Was klein ist, das schrei ich heraus, jeden Tag,
    was groß ist, verschweig ich bis heute.

Ich will dich vergessen und les noch ein Buch,
    übe Handstand im Garten, übe Stille.
Und frage mich: *Bin ich »hier nur zu Besuch«,*
    »schon lange da« oder »für immer«?

Das Wassermelonenfleisch ist mohnblumenpink,
    die Schale petrolmeeresblau.
Schmeckt wie Sonnencreme, Espresso
    und Tagträume-Malen.
These are the days, my friends.
    Now.

KOKO CRATER

Die Wellen und der Küstenfels üben High five,
   sie flüstern im Rauschtakt: »Bis gleich.«
Du bist in Flipflops, und ich trag ein Kleid,
   wir wissen so wenig, ich weiß.

Und jeder Koloss beginnt lieblich am Grund,
   und steil wird es erst, wenn man geht.
Irgendwann ist es zu schwierig für uns,
   wir merken es beide zu spät.

Ich zeig dir meine Angst nicht, denn du hast sie auch:
   »Du schaffst das! Du schaffst noch ein Stück!«
Ich halte die Steinwand mit Steinen im Bauch,
   es gibt keinen Weg mehr zurück.

Wir klettern ganz langsam und sehen nur noch hoch,
    ich frag mich, wie's ist, wenn man fällt.
Wir können hier nicht weiter, doch lassen nicht los.
    Woher kommt die Kraft, die uns hält?

Die Wellen und der Küstenfels üben High five,
    es wird langsam dunkel und kalt.
Du bist in Flipflops, und ich trag ein Kleid,
    irgendwo hier auf Hawaii.

Irgendwann geht es nicht weiter bergauf,
    irgendwann kommen wir an.
Ich weiß noch, wie's ist, in die Ferne zu schauen,
    ich weiß noch den Druck deiner Hand.

Ich glaube, wir können viel mehr als gedacht,
    ich glaube, wir können, was wir uns trauen.
Wir brauchen nur Wünsche viel größer als Angst,
    am Ende reicht Hoffnung schon aus.

Und um uns wird der Himmel schwarz mit der Zeit,
    um uns wird die Stadt zum Licht.
Ich hab nie gewusst, dass wir stark sind, wir zwei,
    ich hätte es nicht geschafft ohne dich.

Die Wellen und der Fels unten üben High five,
   und wir stehen hier oben, allein.
Du bist in Flipflops, und ich trag ein Kleid,
   und wir sind kurz ewig, vielleicht.

AM LIEBSTEN VON DIR

Hier,   hinter   meiner Leibeswand,
überm   rechten   Brustbeinrand,
unterm linken   Schlüsselbein,
ein, zwei, drei,   vier Rippen breit,
liegt geheim   und schützenswert,
denn da kommt   mein Rhythmus her
und zwar schon   mein Leben lang,
das, was ich dir geben
kann.

Wo kommst du her? Was wäre, wenn wir…?
   Wüsst ich gern, doch weiß es nicht,
mir ist, als ob wir uns schon kennen
   würden und die Gleichen sind.
Doch, dass das stimmt, bezweifle ich,
   du merkst, wie ich für einen Moment
zu leise bin, doch eigentlich
   beneide ich, wie frei du bist.

Ein Abend wie ein ganzer Tag,
   ich glaube, seit ich aufgewacht
bin ich verkatert von der Art,
   wie du mit deinen Augen lachst.

Jetzt such ich bereits seit Stunden
   ganz alleine die ganze Stadt
nach – doch hab ich noch nichts gefunden –
   einem Blick wie deinem ab.

Denn irgendwas an dir macht mir Hoffnung,
   ich hab das nicht so oft
und hätte gern mehr mit dir gesprochen.
   Du geisterst mir im Kopf rum,
ich war jetzt über Wochen sehr verschlossen,
   doch irgendwie ist alles wieder offen.

Und ich nehme dieses Herz verdammt in Schutz,
   aber wenn es passiert
und ich es mir noch einmal brechen lassen muss,
   dann am liebsten von dir.

Ich weiß, ich rede viel von mir,
   was mir sehr leidtut, aber ich
hab Angst, dass ich nur existier,
   wenn irgendeiner von mir spricht.
Aber du machst mich lebendig,
   wenn ich ganz normal und leise leb,
frag ich mich nicht mehr ständig,
   ob ich auf der falschen Seite geh.

Ich dacht schon, dass ich eine Toleranz
   für Glück entwickelt hab,
weil mich oft, wenn ich habe, was ich
   hatte, nicht mehr glücklich macht.

Doch du verleihst mir Haltung,
   lässt mich dankbar sein, bist offenbar
die einzige Entscheidung,
   die ich ganz alleine getroffen hab.

Wieso ich nie Substanzen nehme?
   Ob ich mich nie selbst zerstör?
Sei froh, du hast wohl nie Gedanken
   wie die aus meiner Welt gehört.
Wie sie ist? Oh, nicht wie deine,
   kleiner, statt sie zu beschreiben,
könnte ich sie dir lieber –
   und du mir vielleicht auch deine – zeigen?

Denn irgendwas an dir macht mir Hoffnung,
   frag mich nicht, was du richtig machst –
du geisterst mir im Kopf rum,
   das war nicht geplant, dass ich dich mag –
und irgendwie ist alles wieder offen.

Und ich nehme dieses Herz verdammt in Schutz,
   aber wenn es passiert
und ich es mir noch einmal brechen lassen muss,
   dann am liebsten von dir.

Für dich versetz ich tausend –
   Berge jeden kleinen Wortschatz,
jede Zeile: laufen lernen,
   jeder Brief ein Sportplatz.

Ich hoff, du weißt zu schätzen,
    dass ich mich für dich zum Kasper mache:
Ich gehe keine Treppen
    mehr, ich klettere auf die Dachterrasse.

Seh vom achten Stock aus,
    dass wir relativ gigantisch sind,
vergleichsweise Barock, auch
    Renaissance, fast unromantisch sind.
Rote Kerzen, Rosen, Geigen,
    Mond, Rom – schlicht dagegen.
Wär ich nicht schon einer,
    für dich würde ich als Dichter leben.

Du machst mich espressowach,
    bin lange nicht mehr weggeschlummert,
weil in meiner Brust der Bass
    so laut gegen die Decke wummert.
Hörst du nicht? Die Nachtigall
    singt vierundzwanzigsieben.
Wärst du mit mir zum Abiball
    gegangen, wär ich geblieben.

Ich klappere mit dem Schlüssel
   zwischen Haustür, Baum und Baugerüst.
Ich würd dich gerne –
   nur ein bisschen, doch ich trau mich nicht.
Kommen uns Millimeter näher,
   und ich fühle deinen Atem,
deine Sommersprossen zähle ich
   und gebe ihnen Namen.

Es bilden – ungelogen – sieben
   Stück den kleinen Wagen,
und ich bin umgezogen:
   Ich wohn jetzt in deinen Armen.
Bis die ganze Welt verschwindet,
   um uns rum wird alles windstill,
und nur wir zwei verschwimmen
   wie der Kuss im Gustav-Klimt-Bild.

Denn irgendwas an dir macht mir Hoffnung,
    frag mich nicht was –
du geisterst mir im Kopf rum,
    das war nicht geplant –
und irgendwie ist alles wieder offen.

Und ich nehme dieses Herz verdammt in Schutz,
    aber wenn es passiert
und ich es mir noch einmal brechen lassen muss,
    dann am liebsten, am liebsten, am liebsten –

Du kannst es mir nicht brechen,
    nein, du kannst es nur zerschmettern,
wie einen Goldrandporzellanbecher
    am Steinboden zerscheppern.
Und auch wenn du mich vergessen
    wirst und auch wenn alles endet,
das kann an dem Moment,
    den wir jetzt haben, gar nichts ändern.

Noch mal geh ich nicht als Erster dran kaputt,
    aber wenn es passiert
und ich mich noch einmal vergessen lassen muss,
    dann am liebsten, am liebsten, am liebsten…
Ich hab keinen Bock auf Scherben in der Brust,
    aber könnte ja sein, dass es wieder passiert
und ich mich noch mal verletzen lassen muss,
    also nur für den Fall, dann am liebsten, am liebsten –

ich hab keinen Bock auf Scherben in der Brust...

Ist schon   okay,
  wenn   es bricht,   machen
Risse   und   Kratzer
  ein   bisschen
    mehr   Platz
     für   ein
      bisschen   mehr
       Licht…

… mach ein bisschen mehr Platz
für ein bisschen mehr Licht,
und irgendwie ist alles wieder offen.

EICHHÖRNCHENMÄRCHEN

Es war einmal ein Eichhörnchen,
das vergrub sich eine Nuss
   neben seinem linken Fuß,
so gründlich wie's nur geht,
   doch da war es schon zu spät.
Denn ihm war nicht bewusst,
   dass jeder Fuß sich ja bewegt.
Fortan glaubte es stets,
   dass überall dort, wo es steht,
auf jedem Weg, an jedem Fluss,
   das Nussversteck sein muss.

Es war einmal ein Eichhörnchen,
das suchte buddelnd tagelang,
    wohin sein linker Fuß auch sprang,
bis es schließlich gar nichts fand
    außer Sand in seiner Hand.
Es stand so unter Druck
    und beinahe schon am Rand
    seines eigenen Verstands.
Da ergriff es schnell die Flucht,
    sprang ruck, zuck auf einen Bus,
fuhr in ein neues Land
    und fing dort von vorne an.

Es war einmal ein Eichhörnchen,
das reiste ohne Geld
    nur mit einem Ästezelt
    ein Jahr lang um die ganze Welt,
bis es dann mit letzter Kraft,
    ohne Fund und ohne Schatz,
    zurück nach Hause kam.
Da hat es endlich festgestellt:
Es suchte sein Leben lang,
    ohne Fortschritte zu machen,
immer nach den falschen Sachen,
    und das am falschen Platz.

Es war einmal ein Eichhörnchen,
das korrigierte seine Taktik
    ganz nach seinem Geschmack.
Das war lecker und auch praktisch.

Es begann, sich zu entkrampfen,
seit Neustem aß es gerne Zapfen
    und unter kussartigem Schmatzen
    auch ab und zu mal einen Apfel.

Es lebte froh am Waldesrande,
hatte Freizeit, fand Bekannte,
    ging auch eines Abends tanzen.
Traf an der Bar auf eine Katze,
wo sie Mandelschorle tranken,
    einen Reigenkreis aufmachten
    und ineinander Freude fanden.
Es mochte ihre Schaufeltatzen,
    und sie mochte, wie es lachte.

Das Eichhörnchen ward glücklich,
und die Moral von dem Gedicht ist:
Gib niemals aus den Händen,
    was dir lieb ist und auch wichtig.
Fürchte keine dunklen Gänge,
    denn du bist dein hellstes Licht.
Und wenn du nicht magst, wo du bist,
    dann kannst du dein Blatt selbst wenden.
Eichhörnchenmärchen Ende.

IN OKTAVEN

Ich will einfach nur Balance.
　　Ich will doch einfach nur,
dass endlich alles einfach ist.
　　Ich will eine zweite Chance.
Und vielleicht auch,
　　dass du endlich wieder bei mir bist.

Und ich wünschte, wir wären der März.
　　Mittendrin und noch am Anfang.
Und ich wünschte, wir wären 'ne Terz.
　　Nah genug, mit genug Abstand.

Doch wir leben in Oktaven,
wir sind alles oder gar nichts,
　　und dazwischen tausend Farben.
Wir leben in Oktaven,
　　ich hab tausend Fragen,
und was wir noch nicht wissen können,
　　müssen wir erraten.
Wir leben in Oktaven,
　　und ich will einfach nur ankommen.
Wir leben in Oktaven,
　　und ich will doch nur ankommen.

Ich will einfach nur ein Lied,
    das mir sagt, hab keine Angst
und dass das längst noch nicht das Ende ist.
    Ich will einfach nur Musik
und mal kurz nicht an dich denken,
    doch ich denk an dich.

Wir leben in Oktaven,
wir sind alles oder gar nichts,
    und dazwischen tausend Farben.
Wir leben in Oktaven,
    ich hab tausend Fragen,
und was wir noch nicht wissen können,
    müssen wir erfahren.
Wir leben in Oktaven,
    und ich will einfach nur ankommen.
Wir leben in Oktaven,
    und ich will doch nur ankommen.

GLÜCKSVERKATERT
[glʏksfɛɐ̯ˈkaːtɐt];

Nach dem Sturm ist alles leiser,
    und ich glaub, ich fühl mich einsam,
und ich will dir gerne schreiben,
    doch ich weiß nicht, ob das ändert, wie's mir geht.
Und meine Heimat,
    das bist du, ist nicht so einfach,
denn egal, wie lang man bleibt,
    irgendwann muss man am Ende immer gehen.

Und ich kann das nicht so gut wie du.
Und ich kann das nicht so gut.

Denn:
Immer wenn ich geh,
    ist mir sofort danach zurückzufahren.
Ich lass so gut los wie ein Magnet,
    ich hasse es, tschüss zu sagen.
Momente ohne Zukunft tun mir weh,
    hier auf dem Rücksitz gerade denk ich:
Wird schon irgendwie okay,
    ich bin nur glücksverkatert.

Heut ist so ein Tag, wo ich ans Meer will,
    denn da bin ich ziemlich gerne.
Das heißt nicht, dass ich mich leer fühl –
    nur halt irgendwie halb voll.

Und jedes *Danach* ist
    wie 'ne Wohnung nach 'ner Party,
wie der Morgen nach dem Abend –
    irgendwie halt Moll.

Und ich kann das nicht so gut wie du.
Und ich kann das nicht so gut.

Denn:
Immer wenn ich geh,
    ist mir sofort danach zurückzufahren.
Ich lass so gut los wie ein Magnet,
    ich hasse es, tschüss zu sagen.
Momente ohne Zukunft tun mir weh,
    hier auf dem Rücksitz gerade denk ich:
Wird schon irgendwie okay,
    ich bin nur glücksverkatert.

Ich hab Heimweh und Sehnsucht
  nach *eben* und *gleich*,
ich bleib, wenn ich gehen muss,
  will gehen, wenn ich bleib.
Ich will Freiheit und Nähe,
  brauch jeden und keinen,
mir fällt Leichtigkeit schwer
  und das Schwere so leicht.

Mir fällt Leichtigkeit schwer
  und das Schwere zu leicht.

Ich will von allem mehr!

Ich mach aus jeder kleinen Lücke
  eine Villa für Giganten,
aus jeder kleinen Mücke
  eine Herde Elefanten.
Und ich zieh an jedem Grashalm,
  bis ein Wald aus dieser Wiese wird.
Ich häng mich an jeden Arm ran,
  bis aus »Halt mich mal kurz« Liebe wird.

Howto: Wald aus Wiese

Immer wenn ich irgendwas erleb,
  wird's kurz ernüchternd nachher.
Immer wenn ich schöne Häuser seh,
  will ich den Schlüssel haben.
Die Ruhe nach dem Sturm tut mir oft weh,
  wir sind so flüchtig,
gerade eben war doch alles ziemlich schön –
  jetzt bin ich glücksverkatert.

Ja:
Immer wenn ich geh,
  ist mir sofort danach zurückzufahren.
Ich lass so gut los wie ein Magnet,
  ich hasse es, tschüss zu sagen.
Momente ohne Zukunft tun mir weh,
  hier auf dem Rücksitz gerade denk ich:
Wird schon irgendwie okay,
  ich bin nur glücksverkatert.

Ich kann das nicht so gut wie du.
Und ich kann das nicht so gut.

FÜR MEINE MUTTER

Manchmal gibt's so viel zu sagen,
   dass ich lieber schweige.
Denn wie sagt man alles das,
   was jemand einem bedeutet?
Aber weil die Tage
   oft so schnell an uns vorbeigehen,
will ich nicht mehr warten,
   darum vielleicht lieber heute:

Auch wenn ich mal nicht da bin
   und auch wenn nicht alles einfach ist,
wollt ich dir nur sagen,
   dass du immer meine Heimat bist.

Ich stehe mit gepackten Koffern
   vor dir in der Tür,
ja, ich hab alles, Fragen, Hoffnung
   und ein Bild von dir.

Weggehen, das heißt *hin zu etwas*
und nicht *weg von hier.*
Doch warum, wenn sich was ändert,
hab ich Angst, was zu verlieren?

So streift mein Blick ein kleines Stück
durch Roggen, Mohn und Löwenzahn,
ich reise in der Zeit zurück
zum Sommer, als ob es eben war,
dass ich mit meiner Wange
dir zum Bauchnabel nur reich'
und beim Umarmen fühle,
wie du ausatmest und ein.
Dass ich sorglos, voller Brombeerflecken,
barfuß in der Sonne rennend,
meine Welt entdecke
zwischen Haus, Garten und Teich.

Ich weiß noch:
Einmal, es ist Frühlingswetter,
landet zwischen Fliederblättern
drüben unterm Waldrandsonnenflutlicht ein Marienkäfer
schüchtern auf meinem Zeigefinger,
flüsternd hauch ich: »Bleib für immer«,
denn er ist mein Alter
und kann Loopings drehen so wie Riesenräder.

Alles, was ich mir gewünscht hab,
ist auf einmal da,
ich beschließe, mich zu kümmern,
sicher, jeden Tag.

Ich bau ihm ein Glas als Zimmer,
   pflücke fleißig Gras zum Füttern,
plan bereits das Überwintern,
   als du zu mir sagst:

Niemandem gehört die Wiese,
   nichts davon ist deins,
er hat Flügel, um zu fliegen,
   also lass ihn frei.
Siehst du, sagst du, das ist Liebe:
   Was du liebst, das lässt du ziehen,
und gehört's zu dir, dann kehrt
   es eines Tages heim.

Mein Blick folgt ihm
   zum Horizont und Wiesenende,
während ich ein bisschen ihn vermissend
   noch an Liebe denke.

Und einmal, als du eines Abends für mich singst,
    merke ich mir, wie warm das klingt:
Winde wehn, Schiffe gehn weit in ferne Land'.

    Als das Lied zu Ende ist
und du meine Hände nimmst,
    wirft die Nachttischlampe bunte Bilder an die Wand:
Sterne und Raketen schweben über die Tapete,
    werden größer, kleiner, drehen sich,
tauchen auf und wieder ein.

    »Siehst du den Planeten?«, fragst du.
»Das ist, wo wir leben,
    und genauso reisen wir zwei grade
auch durch Raum und Zeit.«

Ich träum, mit Blick auf Leuchtaufkleber,
*   unter meiner Decke liegend,*
noch, wie wir durch Wolken
*   bis ins Weltall um die Wette fliegen.*

So kehr ich jetzt zurück zur Tür,
    rieche Roggen, Mohn und Löwenzahn,
fühle noch das Glück in mir,
    vom Sommer und wie schön es war.
Hier bei Haus und Teich und Garten
    ist nicht alles mehr wie früher,
denn ich geh dir beim Umarmen
    bis zur Wange oder drüber.
Es spiegeln deine Augen
    jetzt die Weite und das Licht.
»Hier bin ich zu Hause«,
    denk ich leise und mein' dich.

Auch wenn ich mal nicht da bin
*   und auch wenn nicht alles einfach ist,*
wollt ich dir nur sagen,
*   dass du immer meine Heimat bist.*

Wir sind uns ähnlich, nicht identisch,
    unsere Leben unzertrennlich,
und sind doch jeweils eigene Menschen,
    dabei waren wir mal eins.
Manchmal bringt uns das an Grenzen,
    ich find, das ist verständlich,
doch ich will dich nie verletzen,
    und wenn doch, tut es mir leid.

Ich kann dich in mir erkennen,
in der Stimme, meinen Händen
und in allem, was ich denke,
auf dem Flug durch Raum und Zeit.
Und für all deine Geschenke,
all die Wärme, das Verständnis,
danke ich dir so unendlich –
ich will nur, dass du das weißt.

Auch wenn ich mal nicht da bin
und auch wenn nicht immer alles einfach ist,
wollt ich dir nur sagen,
dass du immer meine Heimat bist.

Ich geh mit gepackten Koffern,
du stehst in der Tür,
ich hab alles, Fragen, Hoffnung
und ein Bild von dir.
Ich gehe jetzt *hin zu etwas*
deshalb *weg von hier*,
dass sich etwas ändert,
heißt nicht immer auch verlieren.

Dein Blick folgt mir
  zum Horizont und Wiesenende,
während ich ein bisschen dich vermissend
  an so vieles denke.

    Mein Blick bei dir,
      ich trete übers Wiesenende –
    es stimmt, du bist der Grund für alles,
      was ich über Liebe denke.

DARF ICH BITTEN?

Aus der mächtigen Großstadt gewaltigem Schoß
  entsprangen zwei einsame Seelen.
Sie banden sich fest, und sie rissen sich los,
  und vom Losreißen will ich erzählen…

Guten Abend, liebe Gäste, gerne führ ich Sie im Zimmer rum!
  Es liegen, wie Sie sehen können, überall noch Splitter rum.
Dies ist ein Gedicht als Mittel gegen die Verbitterung,
  also, Vorhang auf fürs Überschreiben der Erinnerung.

Hätte ich gewusst, dass das unser letzter Abend ist,
    ich hätte mich schöner gemacht,
hätte dich bewusst etwas länger an der Bar geküsst
    und sicher höher gelacht.

Hätte ich gewusst, dass das unsere letzte Nacht ist,
    ich hätte mich drauf gefreut,
hätte mehr zu dir geguckt und weniger zum Nachttisch
    und noch was Gutes geträumt.

Hätte ich gewusst, dass das unser letzter Tag ist,
    ich hätte nicht versucht zu gefallen,
hätte dir gesagt, mich gibt's ganz oder gar nicht,
    also, wenn, dann mit allem.

Hätte ich gewusst, dass das unsere letzte Stunde ist,
    ich hätte mehr gefragt und weniger gestritten,
hätte mir gedacht, eine Stunde ist im Grunde nichts,
    ein Lied angemacht und gesagt: Darf ich bitten?

Und du hättest dich geweigert,
    und ich hätte geschwiegen.
Denn wenn man weniger Zeit hat,
    dann kann man wenigstens lieben.

Und dann hätte ich geweint, vielleicht,
    und du gefragt: Warum weinst du?
Und ich: Es tut mir so leid, verzeih.
    Worauf du: Sag, was meinst du?

Ich: Hör mir zu, nein, du brauchst nichts sagen,
    frag nicht, warum ich das weiß.
Ich und du, ja, genau, wir, haben
    nur eine Stunde noch Zeit.
Für alles, was ich gelernt hab,
    will ich mich gerne bei dir bedanken.
Wir können jetzt weinen und uns ärgern
    oder fürs Gleiche auch tanzen!

Also, darf ich bitten? Das ist unser letzter Tanz,
    traurig und schön so wie wir.
Halt mich im Arm und halt meine Hand,
    bevor sie dich nie mehr berührt.
Ja! Darf ich bitten? Das ist unser letzter Tanz,
    still, aber wild, so wie wir –
drehen uns im Takt, wie das Lied es verlangt,
    so als könnten wir gar nichts dafür.

... halt meine Hand,
bevor sie dich nie mehr berührt...

Das hätten wir nicht wissen können,
 änder können auch nicht,
nur unser Lied war von Anfang an zu –
Der beste Weg zum Gipfel
zeigt sich immer in der Draufsicht,
nur unser Lied war von Anfang an zu –
Damals war, was vor uns lag,
ein unbekannter Ausblick,
nur unser Lied war von Anfang an zu –
Dass wir uns darauf eingelassen haben,
ist unglaublich,
denn schon unser Lied war von Anfang an zu traurig.

Hätte ich gewusst, dass das unser letzter Tanz ist,
ich hätte dir gesagt, du bist schön,
und noch irgendwas, das uns beiden die Angst nimmt,
alles Weitere werden wir sehen.

Hätte ich gewusst, dass das unser letztes Foto ist,
hätte ich gelacht und geweint,
wenn es dann schön, aber irgendwie auch komisch wirkt,
war es genauso gemeint.

Hätte ich gewusst, dass das die letzte Minute ist,
ich hätte aufgehört zu hoffen,
das Schlechte vergessen, gesehen, was das Gute ist,
und deine Nähe genossen.

Hätte ich gewusst, dass das die letzte Sekunde ist,
    ich hätte sie verlängert, mit langsameren Schritten,
hätte mich gefragt: Wo ist bloß die letzte Stunde hin?,
    das Lied aufgedreht und gesagt: Darf ich bitten?

Und dann hätte ich gelacht
    und du ein bisschen gelächelt.
Es ist, was man draus macht,
    und zwar so lange, bis man weg ist.

Und dann hätte ich geseufzt
    und du gefragt, was ich denke.
Na, wären wir immer wie heut,
    müssten wir's nicht beenden.

Ich: Also, hör mir zu, nein, Schuld trifft keinen,
    frag nicht, warum ich das weiß.
Dir und mir, uns beiden bleiben
    ein paar Sekunden noch Zeit.
Ja, wir werden getrennt sein
    und nur noch zwei Menschen, die sich mal kannten.
Eine gute Zäsur wäre Wut auf die Endzeit,
    doch wir können eigentlich auch tanzen.

Also! Darf ich bitten? Das ist unser letzter Tanz,
    traurig und schön so wie wir.
Los, schau mich an, solange du kannst,
    bevor du mich nie wieder führst.

Ah! Darf ich bitten? Das ist unser letzter Tanz,
*   still, aber wild so wie wir,*
unser Gesang übermalt jede Wand,
*   so als wäre hier nie was passiert.*

Ob wir das hätten wissen können,
    ändert nichts, glaub ich,
nur unser Lied war von Anfang an zu –
    Ich glaub, du denkst,
Probleme gibt es nur, weil man sie ausspricht,
    nur unser Lied war von Anfang an zu –
Scherben bringen jedem Glück,
    solange man nicht drauftritt –
und unser Lied war von Anfang an zu –
    Dass wir uns darauf eingelassen haben,
ist unglaublich,
    denn schon unser Lied war von Anfang an zu traurig.

Los, dimm die Lichter im Zimmer.
    Ich würde gerne schweigen.
So will ich dich erinnern,
    doch ich werde nicht bleiben.

Vielleicht denkst du, du kannst
    dir von mir alles nehmen.
Du bekommst diesen Tanz,
    aber nicht mehr mein Leben.

Also, darf ich bitten? Das ist unser letzter Tanz,
traurig und schön so wie wir.
Halt mich im Arm und halt meine Hand,
bevor sie dich nie mehr berührt.
Ja! Darf ich bitten? Das ist unser letzter Tanz,
still, aber wild, so wie wir –
drehen uns im Takt, wie das Lied es verlangt,
als könnten wir gar nichts dafür.

Ich hänge wie ein Amulett an dir,
    und du umarmst mich.
Ein Lied, auch wenn es traurig ist, ist besser noch als –
    Dein Kopf auf meiner Schulter,
ich hab Panik, und du sagst nichts.
    Ein Lied, auch wenn es traurig ist, ist besser noch als –
Beweg dich nicht, du weißt,
    wir sind zerbrechlich wie Keramik.
Ein Lied, auch wenn es traurig ist, ist besser noch als –
    Der Flur in meiner Wohnung
fühlt sich an wie die Titanic.
    Ein Lied, auch wenn es traurig ist, ist besser noch als
gar nichts.

Sie sahen, liebe Gäste, die Erinnerungsveränderung,
    vielleicht erfuhr die Bitterkeit 'ne klitzekleine
    Linderung.
Gehen Sie, wenn Sie mögen, in die innere Verlängerung,
    der Vorhang fällt und wird ab jetzt für immer vor dem
    Zimmer ruhen.

Nur düsteren Frieden bringen uns diese Zeilen,
    die Großstadt betrübt von dem Ganzen.
Ich wünschte, wir würden im Ende verweilen,
    ich wünschte, wir würden noch tanzen.

IST NOCH ALLES, WIE ES WAR?

Es tut mir leid,
    ich werde mich noch mal entschuldigen,
obwohl ich nicht mal weiß, wofür,
    aber finde ich den Schuldigen,
ey, dann kriegt der was zu hören!

Wir waren so gut darin, uns nah zu sein,
    sogar in verschiedenen Ländern,
jetzt sind wir – und ich hasse das –
    in derselben Stadt zwei Fremde.

Und es geht mir gut.
Es geht mir gut, geht mir gut
    ohne dich.
Und wenn du dir was beim Koreaner holst,
    denkst du dann an mich?

Und bist du noch so,
    wie du warst?
Hast du noch die gleiche Stimme?
Sag mir, am anderen Ende
    deiner gelöschten Nummer,
ist da alles wie immer?
    Ist da noch alles, wie es war?

Es tut mir leid,
    ich kann mich nicht noch mal entschuldigen,
das hat zu oft schon nichts gebracht.
    Und meine Freunde haben mich
schon lange nicht mehr nach dir gefragt.

Ich habe mich dran gewöhnt,
    dass du jetzt weg bist,
und daran, nicht an dich zu denken.
    Aber manchmal starr ich auf
den Kalender in der Küche,
    den du mir letztes Jahr geschenkt hast.

Doch es geht mir gut!
Es geht mir gut, geht mir gut
    ohne dich.
Und wenn du an unserer U-Bahn-Station aussteigst,
    denkst du dann an mich?

Und bist du noch so,
    wie du warst?
Hast du noch die gleiche Stimme?
Sag mir, am anderen Ende
    der gelöschten Nummer,
ist da alles wie immer?
    Ist da noch alles, wie es war?

ICH KANN ALLEINE SEIN

Ich kann alleine sein,
ich kann alleine sein,
ich kann alleine …
Seit ich weg bin von der Party und dir,
singe ich jetzt schon dieses Lied,
singe, ich kann alleine sein.

Die Nacht macht noch vom Dunkel betrunken und –
ohne mit Gewitter zu zucken –
keinerlei Anstalten, dem Morgen zu weichen.
Ich gehe nach Hause
    zwischen laternenen Funken.
In meinem Rucksack trag ich Fragezeichen.

Die schwarze Straße hat sich breitgemacht,
    schläft jetzt schweigend ihren Rausch aus,
und zwischen Kreuzungen und Seitengassen
    tut sich nirgendwo mein Haus auf.

Und ich merke, wie ich gehe,
    merke, wie ich mich bewege,
aber mein Leben auf der Stelle steht
    und bloß unter mir die Welt sich dreht.

Und unter meinen Füßen ist die Erde ein Laufband,
    ich laufe nach vorn und komm trotzdem bloß hier an.

Meine Welt ist ein Zelt, bloß aus ewigem Treibsand,
alles bleibt gleich, ohne Ein-, ohne Ausgang.

Alle Schritte, die ich gehe, sind der Sand in meiner
Sanduhr,
alle Straßen, alle Wege,
alles kommt mir so bekannt vor.
Genau hier –
hier war ich doch schon letztes Jahr,
ich weiß noch, wie verletzt ich war.
Ich dachte, ich wär weiter,
aber jetzt bin ich schon wieder da.

Und was hab ich nicht alles gemacht seitdem!?

Ich hab neue Berge bezwungen,
hab neue Lieder gesungen.
Bin über Schatten gesprungen,
hab mich zum Lachen gezwungen.

Hab mich zusammengerissen,
um mich neu zu entfalten.
Um langen Atem zu haben,
hab ich die Luft angehalten.

Hab mich ins Wasser gestoßen,
um schneller schwimmen zu lernen.
Hab meine Sachen verloren,
um schneller fündig zu werden.

Aber alles bleibt dasselbe – ich zum Beispiel.

Ich sehe jeden Tag gleich aus,
lös bei mir selbst keinen Hype aus,
steh dann vorm Spiegel ganz kleinlaut und verharre
mit meinen Augen manchmal
    ein bisschen zu lange auf dem,
was hinter mir liegt.

Und alles bleibt dasselbe – ich zum Beispiel.

Alle Phrasen, die ich jeden Tag sage,
und alle Fragen, die ich jeden Tag habe,
wie die Frage danach, wann denn endlich alles gut wird.

Und alles bleibt dasselbe – ich zum Beispiel.

Wie eine Spieluhr, die tanzend
immer wieder und wieder und wieder
    um sich selber kreist,
immer müder und müder und müder
    die Welt anschweigt,
im Takt ihrer Lieder
    nur bei sich und dieselbe bleibt.

Alles bleibt dasselbe – ich zum Beispiel.

Das ist wie um eine Litfaßsäule zu rennen,
    ohne das Ende je zu finden,
wie sich selbst an der Hand zu halten,
    nur um sich an was zu binden,
wie nicht zu wissen, was,
    und immer mehr danach zu suchen.

So bleibt alles dasselbe,
    außer der Zahl auf meinem Geburtstagskuchen.

Und ich singe,
ich kann alleine…
Seit ich weg bin von der Party und dir,
war ich noch nie so schlecht darin,
alleine zu sein.

Du hingegen –
du bist nie alleine – nein!, du bist »unabhängig«.
Du bist ein Peter-Pan-Cowboy-Wolf,
    dein eigener Instantfan,
du brauchst kein Zuhause,
    du kommst überall unter nämlich,
Hauptsache, dein Leben ist nice!, via Instagram.

Du gibst dir nur die harten Bässe,
    du kippst dir nur die harten Sachen.
Du zerstreust dich wie Konfetti
    und nennst das »ganze Party« machen
mit gesichtslosen Leuten,
    die sich verzichtlos betäuben.
Und so bist du nüchtern zu schüchtern
    und besoffen zu offen.

Du denkst dir –
hey, wie war das noch mal mit dem Spatz in der Hand
    und der Taube auf dem Dach?
Und so nimmst du lieber den Schmatzer auf der Wang'
    als die Trauung auf der Yacht.

Und dann ziehst du los und paarest dich.
Aber wer im Rausch mit dir 'ne Festung baut,
    kennt deinen Namen nicht bei Tageslicht.
Du bist und bleibst mein Rätsel!
… das denk ich, aber sag es nicht.
Und so lauf ich immer weiter,
    während die Nacht längst in den Abend bricht.

Ich geh auf meiner Metaebene,
    verfluche meine Aussicht.
Zwar löst dein Bier keine Probleme,
    aber meine Cola kann das auch nicht.
Ich spring von meiner Metaebene
    und verkleiner mal die Draufsicht,
auch wenn es noch so sicher ist –
    Leben in Gedanken taugt nichts.

Und ich singe,
ich kann alleine sein,
ich kann alleine…
Seit ich von der Party weg bin und dir,
denke ich, dass wir ja wenigstens
zusammen alleine sein könnten.

Aber wenn ich dir meine Hand gebe,
    nimmst du sie nicht an,
weil du sagst, dass der, der nichts hat,
    auch nichts verlieren kann.

Ja, sehr clever!
Wer nichts hat, kann nichts verlieren –
    aber der hat auch nichts!

Und klar:
Was uns Halt gibt, das kann uns fallen lassen,
wer uns liebt, kann uns alleine lassen,
was uns frei macht, schränkt uns doch nur ein,
wenn wir laut sind, woll'n wir leise sein.

Und ich singe,
ich kann alleine sein,
ich kann alleine sein.
Und ja:
Ich kann alleine sein,
sogar besser, als ich dachte,
auch wenn ich glaube,
dass ich dafür nicht gemacht bin.

DIE BALLADE VOM KÖNIG

Ich zeig dir einen Ort,
  unendlich und geheim.
Keiner war je dort,
  hier wohne ich allein.
Jedes Stück ist mein
  unauffindbares Zuhaus,
niemand kann herein,
  und ich kann niemals raus:

Hinterm bronzenen Gatter,
das schon grün ist vom Wetter
  und durchflochten von Blättern,
zwischen Büschen und zwei
  Angolalöwen aus Stein,
am Seerosenzierteich und
  Springbrunnen vorbei,
liegt ganz versteckt
  hinter Zederngewächs,
Erste links und dann rechts,
  am Schluss der japanischen Kirschbaumallee,
es säumen Agaven und Wildkraut den Weg,
  meines einsamen Schlosses Entree.

Wo andere Apartments
  nur ein Buchsbaumbeet haben,
steht bei mir eine Kore
  aus naxischem Marmor
  auf 'ner Bernsteinempore
  im vorderen Garten.
Wo in anderen Garagen
  nur drei Fahrräder parken,
steht bei mir eine Kutsche
  mit zehn Schimmelstuten
  in der Rosenquarzeinfahrt,
  meine Abfahrt erwartend.

Rund um den Palast haben Wasser und Land,
  wie 'ne Umlaufbahn fast,
  bis zum Horizont Platz.

Die Mauern sind weiß
  und von Efeu berankt,
  hier reichen sich Pfauen
  und Schwäne die Hand.
Und der Schlosshund schleicht
  gerade am Glashaus entlang,
das leuchtet orange
  durch den Sonnenuntergang.

Ein eiserner Türklopfer
  in der Form eines Tierkopfes
  ziert meine hölzerne Pforte.
Nur ein Windhauch genügt,
  bis die Klinke nachgibt
und sich unter leisem Quietschen
  diese Schwingtür aufschiebt.
Während sie sich wie ein
  Diener zur Seite verneigt,
wird der Blick auf das
  lilane Vorzimmer frei
  und auf mein Konterfei,
  fein gemeißelt in Stein.
Und ein Bonsai steht nice
  auf dem heiligen Schrein.

Herein!

Was ein Prunk, was ein Duft,
  diese Wucht, ein Genuss!
Perlmutterne Putten und funkelnder Stuck,
  so viel Schmuck, und die Kunst!
Da »Der Schrei«, da »Der Kuss«!

Hier trifft Lust auf Vernunft,
    so ein Bilder-Book-Look!

Hier lebe –
    ich bin ein allmächtiger König.
Ich hab von allem zu viel,
    aber davon zu wenig.
Bin seit Jahren schon satt,
    hab unstillbaren Hunger.
Meine Schatzkammer platzt fast
    vor Silber und Zunder.
Ich habe neunundneunzig Taler,
    doch ich hätte lieber hundert.

My castle is my candy shop,
    my Zepter is my lollipop,
my throne is on the rooftop of my block.
Ich bin der Wettergott,
    der Sternekoch, der Lanzelot,
der Sherlock hier am Wärmetopf.
Ich krempel meine Ärmel hoch,
    hab Kälteschocks nie gern gemocht.

Wie Songs in 'ner Playlist
  skippe ich Donner und Blitze,
zieh auf dem Display – dem Himmel –
  dann die Sonne zur Mitte,
swipe Wolken nach links,
  was wie Golfen fast ist.
Daran erfreut sich das Licht
  und erleuchtet auch mich.

Meine Krone aus Gold – vierundzwanzig Karat –
  trag ich mit Stolz auf rapunzelnem Haar.
Zum Frühstück gibt's Lilien und Lorbeersalat,
und nachmittags spiele ich Mondscheinsonaten-
  passagen in Moll, meiner Lieblingstonart.

Und wenn ich am späten Abend,
meinen Purpurmantel tragend,
mit Fontänen und Trompeten
  aus dem Anwesen hinaus
  in den Garten trete,
salutiert vor mir der Rasen,
  leuchtet 's Schloss in allen Farben,
regnet's Rosen und Raketen,
und die grauen Fasern schweben
  aus der Raufasertapete!
Was kann es Schöneres geben?
Ich liebe dieses Leben!
Es entstehen erst Probleme,
  wenn ich Anwesende zähle:

Eins …
Eins?
Eins.

Hier stehe –
   ich bin ein einsamer König.
Ich bin unendlich reich,
   und das nützt mir so wenig.
Kein Gast kann herein,
   mein Olymp ist ein Käfig.
Was nützen Gold und Zeit?
Wo Licht, ist Schatten auch nicht weit.

Und so tanz ich allein auf dem Marmorbalkon –
aus dem Grammophon knistert ein tristes Chanson –
im Kronleuchtermondschein und weine dabei.
Will ich echt König sein? Was hab ich davon?

Und ich tanze allein ein abstraktes Ballett,
   Pirouetten, Pliés, Palisanderparkett.
Ich lächle kokett meinem Ebenbild zu,
   das spiegelt sich länglich im Silberbesteck.

Und ich tanze allein, füll die Fläche komplett,
   bin Alleinunterhalter im Glitzerjackett,
stehe allein in der Ecke und spreche zu mir selbst,
   dem einzigen, einsamsten Menschen auf der Welt.

Ich bin mein einziger Freund
   und mein einziger Feind.
Bin Homer, bin Zeus,
   bin der Herrscher, das Volk,

krieg den Hals niemals voll.
Ich bin ziemlich bescheiden,
    ich finde mich toll,
und ich kann mich nicht leiden,
    kann mich über alles freuen,
ich kann über alles weinen.
Ich will immer alles neu,
    aber alles soll so bleiben.

Ich habe alle Schlüssel,
    ich bewege alle Zeiger.
Ich trete auf der Stelle,
    und ich gehe immer weiter.
Ich bin Zukunft und Vergangenheit,
    bin Lehrer und bin Meister.
Ich bin alles Irdische,
    ich bin alle Geister.
Hier bin ich gefangen,
    hier bin ich daheim.
Ich bin alles in einem,
    bin zerrissen, entzwei.

Ach!

Ich bin wahnsinnig,
    und zwar wahnsinnig lethargisch!
Ich bin Consouci,
    ich werde zunehmend apathisch!
Ich ertrag das nicht,
    wart seit Jahren auf die Katharsis!
Bin phlegmatisch, zu dramatisch
    und mir selber unsympathisch!

Ich fläze auf der Couch,
    wo ich Fusselburgen bau,
male Muster in den Staub,
    gähne lang, seufze laut.
Mein Leben ist so mau
    wie der Rerun von *Full House*.
Ich bin ein trauriger Clown
    in einem traurigen Haus.

Ich versteck mich unterm Thron
    vor dem Überangebot.
Mich setzt das unter Druck,
    der Palast ist viel zu groß.
Die Decken sind so hoch.
Das geht gar nicht zu Fuß
    und auch nicht mit Teleskop.
Hab das alles schon versucht.
Ich lebe einen Fluch,
    nie bin ich gut genug.
Ich zieh die Samtvorhänge zu!

So ein Morgenspaziergang
    dauert hier mindestens vier Tage.
Die Treppen sind so lang,
    dass ich Knieprobleme habe.
Alles schlägt mir auf den Magen,
    bin zu müde, um zu schlafen.
Das ist alles eine Phase,
    die ich von Geburt an habe.

Ich sehe von hier aus sogar das Obst
    an den Bäumen verrotten.

Wie soll ich allein bloß
  all die Speisen verkosten?
Früher hab ich noch mit
  Windmühlen gefochten.
Jetzt lasse ich mein Schwert
  mitsamt Rüstung verrosten.

Der Himmel ist so düster,
  weil ich mich nicht mehr kümmere.
Aber soll es doch gewittern,
  oder soll ich doch erfrieren!
Ja, na und? Ich bin verbittert.
Wohin mit den Gefühlen?
Ich kann sie nicht mehr spüren.
Es muss irgendwas passieren!

Raus!

Draußen entsattele ich all meine Pferde,
  die traben entlastet, gelöst in die Ferne.
Ich lass dem Schlosshund seinen Lauf,
  mach das Schwanengehege auf.
Alle blauen Pfauen
  und alle Atome strömen raus.

Drinnen öffne ich die Türen,
  alle Wasserhähne auch,
schraube jede Konfitüre,
  jede Sirupflasche auf,
lass den Sturm durch alle Fenster rein,
  sodass alles in Bewegung bleibt.

Nichts soll mehr gefangen
    und ich soll nicht länger König sein!

Zu guter Letzt steig ich gefasst
    in die Schatzkammer hinab,
breche die Kronenzacken ab,
stell die Stromverbindung ab
    und verbrenne all den Zaster.
Schließlich lodert der Palast.
Es knistert, nein es prasselt,
    in ergreifendster Pracht,
in den epochalsten Farben.
Chor, Crescendo und Fanfaren
    untermalen meinen Wahnsinn.
Was für ein Finale!

Weg!

Und dann renne ich allein über den Mamorbalkon,
    durch Flure zum lilanen Eingangssalon.
Letzter Blick noch auf Bonsai und Steinkonterfei,
    ein Kuss für den Kuss und ein Schrei für den Schrei.

Ich renn wie in Trance aus dem Flur in die Nacht.
Die Schwingtür zerschellt, als sie heftig ins Schloss
    kracht.
Dem Tierkopftürklopfer fällt dramatisch der Kopf ab.
Rosenquarz knarzt hart unter meinen Schritten.

Ich renne ins Schwarze, angefeuert vom Gewitter,
    die Kore zerbirst, just von Blitzen zerrissen.

Ich blicke nicht zurück, Urknall, Feuer hinterm Rücken,
    verlasse meine Einfahrt und erreiche bald die Büsche.

Weiter!

Ich trete Agaven und Wildkräuter platt,
    breche japanische Kirschzweige ab.
Tränen benetzen mein heißes Gesicht.
Gleich bin ich da, ich bezweifle es nicht,
schubs die Löwen aus Stein
    in den Seerosenteich.
Ich schluchze, ich keuche.
Da! Fast geschafft!
Ich öffne das Gatter mit
    zitternder Hand.
Und dann trete ich raus.
Und dann atme ich ein,
    fall auf die Knie.
Und ich weiß,
    ich bin
    frei.

Hier knie –
    ich bin ein gebrochener König.
Mein Schloss ist die Asche,
    und ich bin der Phönix.
Das, was mir bleibt,
    ist ein Haufen aus Staub.
Ich bin alleine, bin eins,
    bin endlich hier raus.

Wohin?

Ich renn zum Horizont
    auf der Suche nach dem Ausgang.
Doch ich finde keine Tür,
    kein *da draußen*, keine Hauswand.
Dann ist es also wahr,
    dass auch ein König hier nicht rauskann?
Ich kann hier gar nicht flüchten.
Wofür der ganze Aufwand?

Eben war ich noch erleichtert.
Aber jetzt befallen mich Zweifel,
ob ich niemals oder immer
    ganz gefangen oder frei war.
Ich seh, wie ein Pfau
    in die Ferne entflattert,
doch kehre zurück
    zu dem bronzenen Gatter.
Die Luft und die Farben
    sind seltsam vertraut.
Hier war es, hier ist es,
    mein wahres Zuhaus!

Da capo al fine.

HAIKUS

1

Also traurig scheinst du nicht zu sein,
ich aber fühle mich wie der November,
schwer und bescheuert melancholisch.

2

Wenn mir das alles nur passiert,
damit ich was zu schreiben habe,
wo kann ich mich beschweren?

3

Tu doch nicht so als ob – das glaubt dir doch keiner.
Wo cool draufsteht, ist noch lange nicht cool drin.
Braune Kühe geben ja auch keinen Kakao.

4

Ich hatte vergessen, wer ich bin.
Dann hab ich mich gegoogelt.
Nur noch 409.000 Möglichkeiten.

5

Ich bin so angepasst,
wenn es Herbst wird,
fallen mir Blätter aus.

6

Als Erich Fromm schrieb,
unerwiderte Liebe sei auch schön,
war er da gerade glücklich vergeben?

DIE BALLADE VOM ZAUBERER

Abrakadabra, komm mir nicht zu nah,
   nur aus der Ferne werden meine Illusionen wahr.
Hokuspokus, dies ist mein Leib,
   mein Herz ist das *Berghain*, keiner kommt hier rein.
Abrasax, Abraxas, ich glaube nur an mich,
   ich alleine kontrolliere alle Karten auf dem Tisch.
Simsalabim, ich bin nicht, was du siehst.
   Ich glaub, dass du dich täuschst,
wenn du mir sagst, dass du mich liebst.

Und es reicht, du erinnerst
  einen wichtigen Satz:
Du bist, was du siehst,
  und nicht, was du kannst.
Und jeder liebt immer,
  was gut zu ihm passt.
Und wo der eine ein Wrack
  sieht der andere einen Schatz.

Wo seit unzählbaren Jahren
  laut unwägbaren Sagen
Ahnen von Schamanen
  ihre Tabakwaren lagern,
an einem von Stauden
  bewachsenen Hang,
steht ganz weit draußen
  am Rande der Stadt
und hoch überm Rauschen
  von Elbe und Moldau
ein kleines, verlassenes,
  verwunschenes Holzhaus.

Im Grunde ein
  rundum gelungener Altbau!
Es sieht charismatisch,
  nicht zu gewollt aus,
es scheint fast,
  als sei es 'ner Fabel entsprungen.

Es knarzt die Veranda,
 von Ranken umschlungen,
und an der Backsteinwand
 häuft sich das Holz auf,
die Ahornfassade
 sieht mittags fast gold aus.

Drinnen flackert, knistert, räuspert
 sich ein Feuer beim Kaminsims,
Büchertürme stapeln sich
 wie Säulen zu den Ziegeln,
durch die Gaube scheint das Licht
 in kleinen Pyramiden,

Schaukelsessel säuseln
   leise Lieder in die Dielen.
Schmiedeeisernes Geländer
   ziert die bodentiefen Fenster,
Schwaden von Sulfiten
   dampfen aus den Reagenzbehältern.
Drei Mobiles drehen
   sich wie kleine Feen.
Kristallene Kugeln briefbeschweren
   Rezepte auf Papyrusblättern.

Doch jeder liebt immer,
   was gut zu ihm passt.
Und wo der eine ein Wrack
   sieht der andere einen Schatz.

Ein blasser Kontrast
   gegen jeden Palast.
Kommt mal ein Windhauch,
   zerfällt es ja fast.

Es zieht durch das Dach,
  alle Kacheln sehen alt aus.
Man sieht hier vor lauter
  Gerümpel den Wald kaum,
lacht aus dem Dorf
  unten müde das Volk auf.
Was für ein Narr wohnt
  in solch einem Albtraum?

Denn Wasser hat der Kräutergarten
  nur, wenn es geregnet hat,
und die grünen Fensterläden
  sind vernagelt, zugeklappt.
In der Summe munkelt man:
  Das Haus bewohnt schon jahrelang
ein Zauberer im Ruhestand,
  der nicht mal richtig zaubern kann.

Das bin ich – muss leise sprechen,
  sonst passiert noch ein Malheur.
Ich will keine Neugier wecken,
  hab mich neulich umgehört:
Seit ich mich hier drin verstecke,
  bin ich nämlich fast vergessen,
und mir geht's am allerbesten
  ganz allein und ungestört.

Warum?

Dieses Gedicht ist
  meine Geschichte.

Hier geht es jetzt aus meiner Sicht
    darum, warum ich ich bin,
um meinen allergrößten Trick
    und auch mein größtes Missgeschick.
Um alles zu berichten, gehen
    wir lieber zum Beginn zurück…

Es ist wie folgt:
    Ich stamme aus einer Zaubererdynastie,
doch wie meine Vorfahren zaubern,
    das konnte ich nie.
Wie viele muss ich meinen Hut
    noch heut vor seinem Werk ziehen.
Mein Urururururgroßvater
    war der große Merlin.

Ein Hexer, ein Künstler,
    ein Könner, ein Meister.
Er beschwor Gespenster,
    und er schwor auf Geister.
Hat mit seinem Feuereifer
    weltweit mit Erfolg begeistert.
So berüchtigt, unvergleichbar
    und bedeutsam war kein Zweiter.

Doch aus seinen Adern sollte
    nichts in meinen Genpool fließen.
Keine meiner Gaben lässt
    zurück auf die Familie schließen.
Nicht ein Funke von Magie
    blieb in meiner Wiege liegen.

Bin der schiefe Ton im Lied,
    das Dynamit der Dynastie.
Ich falle aus dem und ich spreng den
    Rahmen meiner Ahnentafel.
Mein Apfel fiel zu weit vom Stammbaum,
    was ich von ihm habe,
ist der viel zu große Name
    und die viel zu große Nase
und noch eine Narbe auf der Stirn,
    doch die ist gerade.
    Schade!

Doch früh träumte ich von der Bühne
    und ließ mich nicht unterkriegen.
Ja, ich wollt mein fehlendes Genietum
    mit Vernunft besiegen,
las als Schüler bücherweise
    über Alchemie,
ich investierte meine Energie,
    um Tricks für meine Kunst zu üben.
An den Füßen Meilenstiefel,
    meine Ärmel waren Flügel,
hüpfte ich mit Küken über
    grüne Wiesen, um zu fliegen.
Zum Magie-Debüt-Termin
    lud mich ein Brief mit Grüßen.
Eine Jury sollte mich in
    sieben Disziplinen prüfen.

An meinem 13. Geburtstag,
  es war auch Walpurgisnacht,
fand der Auftritt vorm Rathaus statt,
  so stand es auch im Tagblatt.
Publikum aus Alt und Jung
  stand gebannt am Brunnen,
um den wundersamen jungen
  Merlin-Sprössling zu bewundern.
Mit Zuschauern in Scharen
  kamen Herzrasen und Panik.
Ich fühlte mich zwar magisch,
  doch ich wusste plötzlich gar nichts mehr.

Dann erinnerte ich mich
  an einen wichtigen Satz:
Du bist, was du siehst,
  und nicht, was du kannst.
Und jeder liebt immer,
  was gut zu ihm passt.
Wo der eine ein Wrack
  sieht der andere einen Schatz.

Dann fing ich an:
Abrakadabra, komm mir nicht zu nah,
  nur aus der Ferne werden meine Illusionen wahr.
Hokuspokus, dies ist mein Leib,
  mein Herz ist das *Berghain*, keiner kommt hier rein.
Abrasax, Abraxas, ich glaube nur an mich,
  ich alleine kontrolliere alle Karten auf dem Tisch.
Simsalabim, ich bin nicht, was du siehst.
  Ich glaub, dass du dich täuschst,
wenn du mir sagst, dass du mich liebst.

mein Herz ist das Berghain
und du kommst nicht rein

Ja, seht her!
    Ich bin ein Zauberer!
Ich mache Dinge, da, wo keine sind.
    Ein Zauberer!
Habt ihr gesehen, wie ich geflogen bin?
Höher als die Kupferzinnen,
    schneller als der Wind!
Doch da begann ich zu schwitzen,
    zu straucheln, zu schwimmen.

Ich verbockte aller Meister Werke,
    konnte mir keine Karten merken.
Erst fiel mir kein Zauberspruch ein,
    dann ein Ass aus meinem Ärmel.
Hörte es den halben Abend
    leise im Zylinder schnarchen,

mein weißer Hase hatte seinen
 Einsatz glatt verwinterschlafen.
Ich zog ihn am Ohr empor,
 rief: Dreimal schwarzer Kater!
Da sah er wie zuvor aus,
 nur war er jetzt verkatert,
wollte, statt durch Reifen springen,
 lallend einen Walzer singen.
Ich ließ einen Ring verschwinden
 und konnte ihn nicht wiederfinden.
Bei aller Unruh war mir auch
 der Wunschpunsch misslungen.
Schon nach einem Schluck
 begann ich Funken zu spucken.
Ich wollte eine Frau zersägen,
 keine wollte sich zu mir legen.
Für die letzte große Geste
 sollte ich überm Boden schweben,
doch es kam zu wenig Nebel,
 dafür zu viel Wind,
und ganz vorne, in der Nähe,
 rief ein kleines Kind:
Huh, Mama, guck mal!
 Betrug! So was geht nicht!
Der Zauberer schwebt nicht,
 er steht auf 'nem Stehtisch!

Auf Stille und La-Ola-Raunen
 folgte kein Applaus,
die umstehenden Leute
 machten ihren Unmut laut.

Fauler Zauber! Kunstbanause!
   Laienmerlin! Pfuscher! Pflaume!
Gauner! Trottel! Stümper! Dilettant!
   Geh bloß nach Hause!,
brüllten, schrien, pfiffen,
   demonstrierten sie vor Wut.
Ich hab es doch nur gut gemeint!,
   gab ich verlegen zu.
So stand ich im Gedränge,
   alle Menschen riefen Buh!
Alle in der Menge riefen,
   alle, nur nicht du …

Du hattest mich scheitern sehen,
   ich war mit meinen Fehlern offen.
Doch du warst so wunderschön.
   Nie hat mich ein Blick getroffen
so wie deiner.
Aus Versehen gabst du
   meinem Leben Hoffnung.
Ein Moment als Vorgeschmack
   ließ mich deine Nähe kosten.

Alles, was man mir genommen
   und was bis eben grau war,
habe ich zurückbekommen
   von deinem Augenaufschlag.
Auch wenn ich mein Leben lang
   nie an dich geglaubt hab:
Deine Aura hatte mich
   im Handumdrehen verzaubert.

Ja, ich hab dich geliebt so wie Kinder fantastische
  Schneekugelwelten auf Teestuben-Nachttischen,
wie Bäcker die Praxis des Lebkuchenbackens,
  geliebt wie Astronauten die Galaxis bei Nachtlicht.

Ich wollte mich setzen,
  doch mir zitterten die Glieder.
Mir war, als müsste ich rennen,
  als hätt ich Frost, als hätt ich Fieber.
Du sahst zu guter Letzt
  noch mal perfekt zu mir herüber,
dann drehtest du dich weg,
  und danach sah ich dich nie wieder.

Seither bist und bleibst du
  für mich alles, was ich will.

Ich fand, wie sehr ich suchte,
   nie ein ähnliches Gefühl.
Ich hätte nach dir rufen sollen,
   doch ich blieb mutlos stumm.
Ich bin dir nicht gefolgt,
   ich weiß bis heute nicht, warum.

Ich glaub, ich hatte Angst,
   nicht gut genug zu sein, wie immer.
Angst, du siehst in mir
   so wie die anderen einen Spinner
mit einer großen Nase,
   großer Name, nichts dahinter.
Bevor du kamst, war mir nicht klar,
   wie sehr ich dich vermisst hab.

Mein Schicksal ist ein Wagen,
   und ich döse auf dem Nebensitz,
die Sphinx in meinen Armen,
   doch ich löse ihre Rätsel nicht.
Ich bin die Pointe eines Scherzes,
   der mein Leben ist,
und ich – wenn man mal ehrlich ist –
   verdien den Namen Merlin nicht.

Ich kam jeden Tag im Folgejahr
   aufs Neue an den Platz zurück.
Je mehr ich fremde Leute traf,
   verlor ich Hoffnung, Stück für Stück.
Viele, die dir ähnlich waren,
   von Weitem, aus der Nähe nicht,

und nie mehr sah ich ein Gesicht
    wie deins, das man nie mehr vergisst.

Scham und Spott begegneten mir
    stets in allen Straßen.
Hinter vorgehaltenen Händen
    hörte ich leises Tratschen.
Ist das nicht der Zauberer,
    der nicht mal richtig zaubern kann?
Was nützt mein magisches Gefühl,
    wenn ich es nicht gebrauchen kann?

Langsam, als ich älter wurde,
    konnte ich dich vergessen,
kam seltener zum Brunnen,
    wurde seltener belächelt.
Eines Morgens gab ich mir dann
    selber das Versprechen:
Nichts und niemand würde
    mich in Zukunft mehr verletzen.

Abrakadabra, komm mir nicht zu nah,
    nur aus der Ferne werden meine Illusionen wahr.
Hokuspokus, dies ist mein Leib,
    mein Herz ist das *Berghain*, keiner kommt hier rein.
Abrasax, Abraxas, ich glaube nur an mich,
    ich alleine kontrolliere alle Karten auf dem Tisch.
Simsalabim, ich bin nicht, was du siehst.
    Ich glaub, dass du dich täuschst,
wenn du mir sagst, dass du mich liebst.

Jetzt gewinne ich jede *Wizard*-Runde
und auch jedes Hütchenspiel.
Keiner außer mir weiß, wem grad
mein Gefühl zu Füßen liegt.
Das meiste von mir kommt wie
bei 'nem Eisberg nicht empor.
Bevor ich dich enttäusche,
täusche ich lieber etwas vor.

Und nie mehr werde ich so viel
Zeit mit Rumsuchen verbringen.
Man kann die Dinge, Liebe
und das Gute nicht erzwingen.
Ich hab mich zurückgezogen,
jeden Winter mehr,
stieg auf den Berg bis oben
hoch und weiter bis hierher ...

... an einen von Stauden
bewachsenen Hang,
und ganz weit draußen
am Rande der Stadt
und hoch überm Rauschen
von Elbe und Moldau,
hier fand ich ein kleines,
verlassenes Holzhaus.

Längst hat es die besten Tage
hinter sich gelassen.
Aber mir gefällt die Lage
und der Blick von der Terrasse,

fühlt sich wie vom Weingut an,
   die Makel find ich klasse.
Hier darf ich einfach ich sein,
   weil niemand was erwartet.

Das Haus erinnert mich
   an einen wichtigen Satz:
Du bist, was du siehst,
   und nicht, was du kannst.
Und jeder liebt immer,
   was gut zu ihm passt.
Und wo der eine ein Wrack
   sieht der andere einen Schatz.

Ja, dieses Gedicht ist
   meine Geschichte.
Hier geht es aus meiner Sicht
   darum, warum ich ich bin,
um meinen allergrößten Trick
   und mein größtes Missgeschick.
Nur was heute früh bei mir passiert ist,
   das versteh ich nicht.

Es ist das dunklere Ende schlaftrunkener Tage,
   die Luft wirklich rein, es hat keiner geschaut,
weil niemand da ist. Ich fühle mich magisch.
   Fast wie früher gehe ich aus mir heraus,
schüchterne Schritte im knisternden Laub,
   im Anlauf umkreis ich die Mitte, das Haus.
Irgendwo steht ein Gewitter im Raum,
   der Gitterzaun tauscht sich mit Windböen aus.

Ich spring über Schatten ins Mitternachtsblau,
    breite die Arme wie Tragflächen aus.
Ein Flügelschlag drauf, ich schweb wie ein Pfau,
    ich segele Ellipsen, ich schraube mich rauf,
umrunde im Flug meinen eigenen Kopf,
    im Grunde wie Glut einen einsamen Docht.
Auf die Ruh folgt ein Schock,
    als ich hör, wie es klopft,
und obwohl ich's gehofft,
    hab versteckt ich mich doch.

Nie hat ein Besucher meinen
    Berg je überwunden.
Wer bist du? Und was willst du?
    Und wie hast du mich gefunden?
Ich hör 'ne Stimme durch die Tür,
    jemand sagt: Ich will zu dir.
Da hast du dich wohl im Haus geirrt,
    dies ist kein Rasthof, ich kein Wirt.

Ein vorsichtiger Fensterblick,
    dann flüsterst du: Erkennst du mich?
Ich weiß, die Dinge ändern sich,
    doch deinen Blick erinnere ich.
Du siehst ein bisschen anders aus,
    noch immer wunderschön.
Auch wenn ich dich nicht brauche,
    ich hab mich nach dir gesehnt.
Du fragst: Lässt du mich rein?
    Ich sage, dass das nicht mehr geht.
Denn all die Jahre dachte ich,
    du hast mich übersehen.

Ich war viel zu lange traurig,
  ich hab mich nach dir gesehnt.
Auch wenn das ganz unglaublich ist,
  ich glaub, du kommst zu spät.

Und ich singe:
Abrakadabra, komm mir nicht zu nah,
  nur aus der Ferne werden meine Illusionen wahr.
Hokuspokus, dies ist mein Leib,
  mein Herz ist das *Berghain*, keiner kommt hier rein.
Abrasax, Abraxas, ich glaube nur an mich,
  ich alleine kontrolliere alle Karten auf dem Tisch.
Simsalabim, ich bin nicht, was du siehst.
  Ich glaub, dass du dich täuschst,
wenn du mir sagst, dass du mich …

Du sagst:
Ich liebe dich so wie Kinder fantastische
  Schneekugelwelten auf Teestuben-Nachttischen,
Bäcker die Praxis des Lebkuchenbackens,
  wie Astronauten die Galaxis bei Nachtlicht.

Ich verstehe nicht genau,
  was du so gerne an mir hast.
Ich öffne dir die Tür,
  denn ich bin beides, stark und schwach,
seh schon etwas grau aus,
  und es zieht schon durch mein Dach,
im Grunde nur ein Altbau,
  mehr Ruine als Palast.

Da lächelst du zufrieden
  und schaust hoch zu meinem Giebel.
Durch die Gaube scheint das Licht
  in kleinen Pyramiden.
Büchertürme stapeln sich
  wie Säulen zu den Ziegeln.
Es ist still, ich glaube, dass wir
  so was wie Magie sind.

Du erinnerst mich an
  einen wichtigen Satz:
Du bist, was du siehst,
  und nicht, was du kannst.
Und jeder liebt immer,
  was gut zu ihm passt.
Und wo der eine ein Wrack
  sieht der andere einen Schatz.

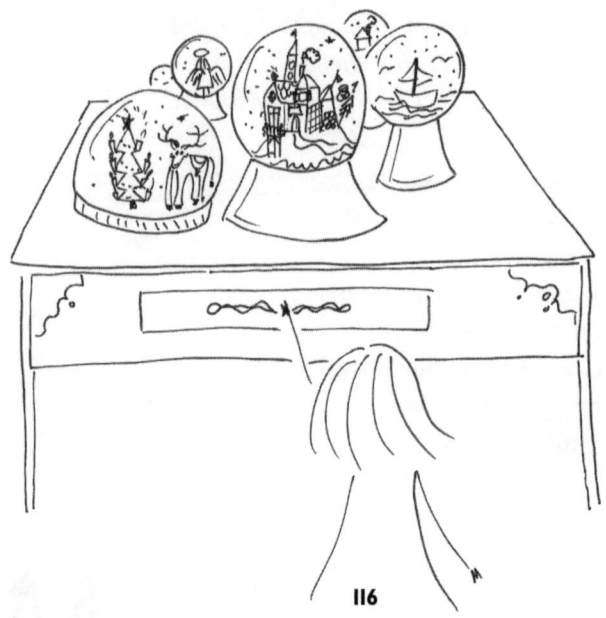

KLEINER WALZER

Dam da dam da dam da dam.

Aus deinem Gesicht scheint Sonnenlicht,
   es freut mich für dich, wie glücklich du bist.
Während du sprichst, zweifele ich –
   weiß es noch nicht, was das Richtige ist.

Ich mag alle anderen, nur nicht mich selbst,
   ist jeden Tag anders, was mir gefällt,
und ich weiß nicht, wohin ich gehör.

Dam da dam da dam da dam.

Alles ist gut, aber nie gut genug,
   ich lass zu wenig los und viel zu viel zu.
Ein Schritt nach vorne und dreißig zurück,
   ich warte auf morgen erreich ich mein Glück.

So viel Gelegenheit, ich geh nicht raus,
   hab so viel geredet, so wenig geglaubt,
so wenig Nähe und zu viel Applaus,
   und ich weiß nicht, wohin ich gehör …

Dam da dam da dam da dam.

Die einen sind jünger und schöner als ich,
  die anderen älter und weiser.
Ich bin doch zu jung für mein ernstes Gesicht
  und eigentlich zu oft alleine.

Ich mach alles ein bisschen, alles vielleicht,
  ist nichts wirklich richtig, nichts wirklich falsch,
und ich weiß nicht, wohin ich gehör.

Dam da dam da dam da dam.

Du weißt es, und ich halt dich nicht… oh,
  du weißt es, und ich halt dich nicht auf,
du weißt es, und ich halt dich nicht aus –
  deinem Gesicht scheint Sonnenlicht,
es freut mich für dich, wie glücklich du bist,
  einen Augenblick streift es auch mich –
wüsste so gern, was das Richtige ist.

LÖWENHERZ

Ich weiß nicht, was ich sagen soll,
    mir ist, als ob es gestern war,
weil alles, was ich sage,
    doch nichts ändert oder besser macht.
Ich höre dich noch lachen,
    und ich sehe dich noch am Fensterplatz.
Du ahnst nicht, was ich machen würde,
    dass ich dich noch länger hab.

Vom Himmel fehlt ein kleines Stück,
    ich sehe es von hier,
eine Lücke, die sich nie mehr schließt,
    sie hat die Form von dir.
Ich wünschte mir, wir könnten alles haben,
    ohne zu verlieren.
Doch niemand wird in tausend Jahren
    wieder sein wie wir.

Ich sehe, durch die grauen Wolken
    bahnt sich grad ein Licht.
Was es auch bedeuten soll,
    ich weiß es heute noch nicht.

Ich hoffe, du bist längst,
　　wo es schön für dich ist,
und dass du an mich denkst,
　　denn ich denke an dich.

Ich träume jede Nacht von dir
　　und auch davon, wie schön es wär.
Sag mir, hab ich immer einen
　　Platz in deinem Löwenherz?
Und ich träum von einem Land für dich,
　　in dem du jetzt der König wärst.
Du weißt, du hast für immer einen
　　Platz in meinem Löwenherz.

Und auf diesem Zettel thront
　　noch immer deine Handschrift,
und da auf dem Tisch liegt noch
　　dein aufgeschlagenes Buch.
Draußen ist der Abdruck
　　deiner Füße auf dem Sandweg,
und an deinem Pulli
　　hängt noch immer dein Geruch.

Und auf dem alten Plattenspieler
　　dreht sich dein Vinyl.
Ich höre deine Stimme klar
　　und darin dein Gefühl.
Ich sehe deine Gesten noch,
　　ich glaub fast, du hörst zu.
Die Tür steht immer offen,
　　denn sie hofft auf deinen Besuch.

Es scheint mir noch ein bisschen so,
   als ob du bald zurück bist.
Alles, was du wissen sollst, ist,
   wie sehr ich dich vermisse.
Und mit jedem Atemzug
   und auch mit jedem Schritt
gehst und lebst du immer
   noch ein bisschen mit mir mit.

Was bleibt, ist deine Liebe,
   deine Jahre voller Leben,
das Leuchten in den Augen aller,
   die von dir erzählen.
Millionen Sterne in der Nacht,
   und einer aber flimmert
in der Ferne und verblasst,
   doch ich werde ihn erinnern.

ich werd ihn erinnern.

Und ein Leben ist viel mehr, ich weiß,
als Name, Bild und Datum.
Es sind Wünsche, all die Zeit
und auch all deine Erfahrung.
Es sind die Menschen, die dich lieben,
sind dein Lieblingsfilm und -essen,
deine Gesten, deine Mimik,
deine Wahrheit und dein Lächeln.

Ich träume jede Nacht von dir
und auch davon, wie schön es wär.
Ich hoffe, ich hab für immer einen
Platz in deinem Löwenherz.
Und ich träum von einem Land für dich,
in dem du jetzt der König wärst.
Und du hast für immer einen
Platz in meinem Löwenherz.

Als Allerletztes ist da etwas,
das ich dir versprechen kann:
dass ich dich nie vergessen werde
und auch nie vergessen hab.
Ich lach mit dir für eine Weile,
sitz mit dir am Fensterplatz.
Mein Löwenherz, ich würde es teilen,
dass ich dich noch länger hab.

du gehst immer
mit nur mit

ich seh dich noch
am Fensterplatz...

FÜR MEINEN VATER

Ich werde oft gefragt:
   Hey, wie machst du das nur, dass du Ziele erreichst?
Und ich sag: Wenn du diese zwei Schritte befolgst,
   ist es eigentlich leicht und geht wie von allein.

   Schritt eins:
Ich mal mir 'nen Pfad,
   mit 'nem Ziel auf 'ner Landkarte, den es nicht gibt,
oder nur, wenn im Kopf und mit viel Fantasie
   einer Wände durchbricht und auch Häuser verschiebt.

   Schritt zwei:
Ich geh aus der Tür.
   Ich balanciere.
Ich schaue nach links.
   Ich laufe und spring.
Durch die Stadt, übern Teich.
   Durch die Nacht, ist ganz leicht.
Die Luft ist so klar.
   Und schon bin ich da.

Der Bus fährt um neun mich in den Abend,
   ich komme heim, wo du mich erwartest:
Willkommen zurück! Na, wie war dein Tag?
   Wir sitzen am Tisch, als ich dir sag:

Papa, ich ging durch die Tür,
  und ich bin balanciert,
dann schaute ich nach links
  zum Laufen und Springen
durch die Stadt, übern Teich,
  durch die Nacht, war ganz leicht,
die Luft wurde klar,
  und dann war ich schon da.

Deine Augen erleuchten, du sagst nur, du freust dich.
  Ich weiß, dass du stolz bist, nur nicht, was das
  bedeutet.
Denn da fehlt ein Detail, und jetzt erst begreife ich.
  Du warst immer Schritt drei! Und so lief alles
  eigentlich:

Ich geh aus der Tür,
    aber was ich nicht seh, ist, dass du über mir
    noch die Steine der Mauer so umarrangierst,
    bis die harte Fassade zum Durchgang mutiert.

Und ich balanciere,
    und du machst alles still, als ich mich konzentriere
    für den Drahtseilakt, doch mir kann nichts passieren,
    denn du hältst für den Fall schon ein Netz unter mir.

Ich laufe und spring,
    und ich denk, ich kann fliegen, doch du machst den
    Wind,
    ich heb meine Füße, und mit jedem Schritt
    baust du unter mir Stufen, wo sonst keine sind.

Ich schaue nach links,
>aber rechts von mir stehst du mitten auf der Straße
>und bittest die Autos mit zitternden Fahnen,
>nur kurz für dein Kind noch ein bisschen zu warten.

Durch die Stadt, über den Teich,
>und du schüttest im Dauerlauf Täler auf,
>reißt alle Wände ein, hältst mir den Rücken frei,
>du stellst an Flüssen mir Brücken, an Klippen mir
>Mauern auf.

Durch die Nacht, ist ganz leicht,
>ja, weil du mir voraus mit 'nem Feuerzeug leuchtest,
>was mich sehr erfreut, weil ich denk, das bedeutet
>nur, dass ich 'ner Horde von Glühwürmchen folge.

Die Luft ist so klar,
>ja, kein Wunder, du hast hier Gewitter entladen,
>bevor ich hierherkam, noch Wolken verjagt,
>sonst läge mir der Atem jetzt bitter im Magen.

Und dann bin ich da,
    an dem Ziel auf der Landkarte, die es *nur* gibt,
    wenn so einer wie *du* mit genug Fantasie
    alle Wände durchbricht und die Häuser verschiebt.

Ich hab immer geglaubt, oh, das Glück fliegt mir zu!
    Aber rückwärts geschaut, warst dieses Glück immer
    du!
Du warst all die Zeit dieser Anker für mich,
    ich will nur, dass du weißt, ich bin dankbar für dich.

Ich schau auf meinen Wegen nicht oft übern Wegesrand,
    doch ich verstehe, dass ich übersehen hab,
dass ich mein Leben nicht ohne dich leben kann,
    und es bewegt mich, was du mir gegeben hast.

Wenn ich was erreiche, dann trommle ich laut
    und ruf: Los, hebt eure Hände! Auf mich!
Aber du, du bleibst leise, du machst dir nichts draus,
    denn dein Lob ist das Glück aller Menschen um dich!

Und ich sag dir zu selten: Ja, ich bin glücklich!
    Und: Das liegt auch an dir! Und: Ich hoffe, du auch!
Die Welt wird so schnell, das alles ist flüchtig,
    doch ich finde in mir nur durch dich mein Zuhaus.

Wenn jetzt einer fragt:
    Hey, wie machst du das nur, dass du Ziele erreichst?
Sag ich: Auch wenn du all meine Schritte befolgst,
    bleibt der wichtigste Schritt noch: Es geht nicht allein.

Bitte verzeih, dass ich erst jetzt verstehe,
    ich glaube, es war oft einfach viel zu neblig.
Nun ist es klar, und egal, wie es war,
    ist das heute der Tag, dir zu sagen:
        Ich sehe dich.

Ich hab immer geglaubt,
    oh, das Glück fliegt mir zu!
        Aber rückwärts geschaut,
            warst mein Glück immer *du*!

ÜBER STILLE POETEN

Es gibt laute Redner und laute Dichter,
   Autoren, Sänger und Propheten,
die sich Gehör verschaffen und Zuspruch suchen.
   Und dann gibt's noch die stillen Poeten.

Das sind die, die einfach schweigen,
   weil sie nicht an sich selber glauben,
weil sie nicht glauben, dass sie jemand hören will,
   weil irgendwer sagt, dass sie nichts taugen.

Das sind die, die einfach schweigen,
   obwohl sie viel zu sagen hätten,
was wahr und schön und wertvoll wäre.
   Ich will, dass wir sie nicht vergessen.

Es scheint unverständlich, dass sie ruhig sind,
   aber jeder von ihnen hat einen Grund.
Ich glaube, dass eigentlich in jedem von uns
   ein stiller Poet innewohnt.

Und manchmal,
   wenn du innehältst für einen Augenblick,
um einmal kurz zwischen die Zeilen zu treten,
   wenn statt in Gesichter du in Augen blickst,
hörst du sie flüstern,
   die stillen Poeten.

Ein kleiner Junge, zu groß für sein Alter.
  Sein Gang ist schlurfend, seine Haltung gebückt,
man fühlt schon die Blicke der Mütter ihn werten.
  Seine Noten sind schlecht, seine Mappen zerknickt.
Seit dem ersten Schultag ist er unterfordert,
  niemand hier kann seinen Wortwitz verstehen.
Bauchschmerzen machen das Aufstehen schwer,
  er würde alles tun, nicht in die Schule zu gehen.
Man denkt, er sei dumm, sein IQ sagt was anderes.
  Ein Underachiever, ein verkapptes Genie,
und während Lehrer belächeln und Mitschüler lachen,
  betreibt er stille Poesie.

Und manchmal,

  wenn du innehältst für einen Augenblick,
  um einmal kurz zwischen die Zeilen zu
    treten,
  wenn statt in Gesichter du in Augen blickst,
hörst du sie flüstern,
die stillen Poeten.

Ein junges Mädchen zerstreut sich absichtlich.
  Sie fühlt sich verloren und sucht einen Sinn,
ihre Eltern sind wieder mal ziemlich beschäftigt.
  Und mit älteren Jungs kifft sie die Zeit vor sich hin.
Bei Facebook hat sie bald 900 Freunde,
  sie ist eine, die auch noch die Lehrer anbeten.
Doch hinter ihrer hübschen, arroganten Fassade
  steckt eine einsame, stille Poetin.

Und manchmal,
   wenn du innehältst für einen Augenblick,
um einmal kurz zwischen die Zeilen zu treten,
   wenn statt in Gesichter du in Augen blickst,
hörst du sie flüstern,
   die stillen Poeten.

Die zwei Geschwister sehen sich an,
   und sie schließen die Tür, denn so sind sie verschont.
Ihre Mutter wollte heut weniger trinken,
   doch leere Versprechen sind sie lange gewohnt.
Sie sitzen und spielen ein Leben als Held,
   eine fertige Fakewelt betäubt Fantasien,
und sie starren verstummt in den flimmernden Bildschirm
   und betreiben laut stille Poesie.

Und manchmal,
   wenn du innehältst für einen Augenblick,
um einmal kurz zwischen die Zeilen zu treten,
   wenn statt in Gesichter du in Augen blickst,
hörst du sie flüstern,
   die stillen Poeten.

Und da ist dieser Typ, er war schon immer sehr komisch,
   hat gestern den Nachbarn blutig geboxt
für einen Moment Auszeit von seinen Gedanken.
   Und außerdem, externen Zweifeln zum Trotz,
er sehnt sich nach Liebe, hat sich für Hass entschieden,
   für einen, der beim Pokern auf Risiko geht.
In seinem Kopf kauert in einem dunklen Zimmer
   ein ruhiggestellter stiller Poet.

Das sind ein paar von denen, die einfach schweigen,
   obwohl sie viel zu sagen hätten,
was wahr und schön und wertvoll wäre.
   Ich will, dass wir sie nicht vergessen.

Und jemand ist mutig und reicht ihnen ein Ohr,
   sie nehmen es nicht sofort, doch sie nehmen es wahr.
Und in ihnen wächst dieses kleine Gefühl –
   jemand, der sie hört und versteht, ist jetzt da.

Zwei Klassen überspringt der schlaue Junge,
   traut sich zu *Jugend debattiert.*
Das Mädchen fühlt sich wieder sinnvoll,
   als sie um einen Rat gebeten wird.
Die Geschwister sind dankbar und glücklich,
   als ihr Vater sie zum gemeinsamen
Fernsehen einlädt.

Doch der Pokerspieler hat verloren,
   der Kerl sitzt jetzt allein im Knast.
Was eine Psychologin verständnisvoll sagt,
   haben seine Eltern nicht geschafft.
So kommt Hilfe 21 Jahre zu spät.
   Er hat verlernt, wie man vertrauen kann,
und dem Poeten in ihm fallen die Augen fast zu,
   aber noch kämpft er tapfer dagegen an.

Und manchmal,
  wenn du innehältst für einen Augenblick,
um einmal kurz zwischen die Zeilen zu treten,
  wenn statt in Gesichter du in Augen blickst,
hörst du sie flüstern,
  die stillen Poeten.

Und dann sei doch mutig,
  sei doch mutig und reich ihnen dein Ohr.
Was immer sie machen, sie nehmen es wahr,
  und in ihnen wächst dieses kleine Gefühl –
jemand, der sie hört und versteht, ist jetzt da.

JUNGES UNGLÜCK
Ungesagte Dinge

Wir sind zusammen nie allein,
*   und wenn wir beide älter sind,*
dann werden wir zwei besser sein,
*   als es unsere Eltern sind.*
Das haben wir gesagt,
*   und jetzt sieh uns beide an:*
Wir sind 'ne unglückliche Frau
*   und ein unglücklicher Mann.*

Sag mir: Warum sagst du nichts?
    Weil du mich nicht leiden kannst?
Für mich hört sich dein Schweigen
    mittlerweile so wie Schreien an!
Sag mir: Warum tust du nichts?
    Bin ich dir nicht genug?
Denn auch jedes »Wie geht's dir?«
    klingt für mich wie ein »Lass mich in Ruh!«.

So heftig, wie wir uns verlieren,
    wir sollten uns doch glücklich machen.
Sprechen ist wie Balancieren,
    und nirgends scheint ein Schritt zu passen.
Was ist dein Gedanke,
    wenn du vielsagend ins Weite schaust?
Hörst du, wenn ich lache,
    eigentlich keine Verzweiflung raus?

Du läufst in letzter Zeit im Kreis,
    ich komm dir entgegen,
doch du änderst deine Richtung,
    kurz bevor wir uns begegnen.
Ist es nicht zu schade,
    dass wir beide auf der Stecke bleiben?
Hörst du mich vorm Schlafen
    denn nicht leise in die Decke weinen?

Liebe ist doch eine Lüge,
   wenn sich beide schwertun.
Vieles, was ich für dich fühle,
   doch am meisten Schwermut.
Jeder Augenblick geht unter,
   meiner grad in deinem Gesicht.
Weißt du, ich hab Liebeskummer,
   leider weil du bei mir bist!

Und ungesagte Dinge sind wie ungelesene Bücher,
   und sie stapeln sich zwischen uns im Raum.
Wachsen an die Decke und blockieren alle Ecken
   wie ein umgestürzter, ungestutzter Baum.
Und ungesagte Dinge sind wie ungeleerte Wolken,
   sie benebeln uns wie ein schlechter Traum.
Meine Brille ist beschlagen,
   und es fällt mir schwer zu atmen,
ich erkenn dich nicht, und ich muss hier raus.

Wir sind zusammen nie allein,
   und wenn wir beide älter sind,
dann werden wir zwei besser sein,
   als es unsere Eltern sind.
Das haben wir gesagt,
   und jetzt sieh uns beide an:
Wir sind 'ne unglückliche Frau
   und ein unglücklicher Mann.

Ja, sag mir: Warum sagst du nichts?
   Und du fühlst dich so fremd an.
Wenn du jetzt nicht mit mir sprichst,
   dann wird sich nie was ändern.

Sag mir: Warum rennst du ständig?
    Und warum so viel Distanz?
Hat's dich so geängstigt,
    als ich nah an deinem Abgrund stand?

Du hast mir jeden Zentimeter
    deiner Welt und Zeit versprochen
und, als ich nicht hingesehen hab,
    heimlich deinen Eid gebrochen.
Wir leben aus gepackten Koffern,
    du aus deinem, ich aus meinem.
Hast du dich denn nie gefragt,
    warum wir uns nie einen teilen?

Deine Nähe macht mich klein,
    ich sehe mich mit deinen Augen:
Voller Mankos und bezweifle,
    dass ich eine starke Frau bin.
Auf Fehler folgt die Angst davor,
    bis man nur danebentrifft.
Wie kannst du es ertragen,
    dass du unglücklich vergeben bist?

Siehst du in der Straßenbahn
    das Paar hinter der Scheibe?
Guck dir dieses Elend an –
    ich glaub, das sind wir beide.
Jeder Augenblick geht unter,
    meiner grad in deinem Gesicht.
Weißt du, ich hab Liebeskummer,
    immer wenn du bei mir bist!

Und ungesagte Dinge sind wie ungelenkte Züge,
   und sie fahren uns in ein fremdes Land,
werden immer schneller, bis sie bremsen,
   wenn es dämmert,
   entlassen uns, irgendwo im Sand.
Und ungesagte Dinge sind wie unbezahlte Rechnungen,
   mit Ignoranz füttert man die Angst,
man muss sie bezahlen, wenn man wegrennt
   oder wegguckt.
Sag mal, siehst du nicht, dass ich nicht mehr kann?

Wir sind zusammen nie allein,
   und wenn wir beide älter sind,
dann werden wir zwei besser sein,
   als es unsere Eltern sind.
Das haben wir gesagt,
   und jetzt sieh uns beide an:
Wir sind 'ne unglückliche Frau
   und ein unglücklicher Mann.

Los!
Sag mir, ich hab Fehler,
   und ich raub dir deine Freude,
anstatt mir nicht zu sagen,
   dass ich dir noch was bedeute.
Sag mir, ich bin komisch
   und dass du mich nicht erkennst,
anstatt mir nicht zu sagen,
   dass du manchmal an mich denkst.

Sag mir, dass ich störe,
   dass ich dich um deine Träume bring.
Dann könnte ich dir sagen,
   dass wir allerhöchstens Freunde sind.
Sag mir, dass wir anders sind,
   als du dir das gedacht hast.
Dann könnte ich dir sagen,
   dass ich innerlich gepackt hab!

Und ich erinnere noch den Tag,
   an dem ich fragte:
Was denkst du?
   Deine Antwort wieder: Gar nichts.
Unser letzter Tag ist auch der Tag,
   seit dem mir klar ist:
Ungesagte Dinge
   können mehr wehtun als Gesagtes.

Wir sind zusammen nie allein,
*   und wenn wir beide älter sind,*
dann werden wir zwei besser sein,
*   als es unsere Eltern sind.*
Haben wir gesagt,
*   und jetzt sind wir dieses Unglück.*
Geliebt werden ist einfach,
*   aber Lieben ist ein Kunststück.*

... wie ein umgestürzter,
ungestutzter Baum...

WACHSTUMSSCHMERZ

Das Leben ist nur ein langer Moment,
   wir sind sein Gast, während es rennt.
Das Leben ist nur 'ne Achterbahnfahrt,
   fahr schon mal vor.
Ich komm gleich nach,
   ich komm gleich nach.

Und ich weiß, dass das Leben ist,
   aber es tut mir weh,
und ich weiß, es geht ums Erleben
   und nicht ums Verstehen,
und solange du da bist,
   will ich bleiben.
Gib mir ein Zeichen,
   falls wir uns verlieren.
Du findest mich hier.

Das Leben ist nur ein einziges Lied,
   und jeder besingt das, was er liebt.
Das Leben ist ein gebrochenes Herz,
   hab keine Angst.
Das ist nur Wachstumsschmerz,
   das ist nur Wachstumsschmerz.

Wenn das also das Leben ist,
   warum tut es mir weh?
Ich weiß, es geht ums Erleben,
   aber werde ich es je verstehen?
Solange wir da sind,
   werde ich bleiben,
es könnte ja sein,
   dass wir uns verlieren…
Wenn du mich suchst,
   findest du mich hier.

Das Leben ist nur ein langer Moment,
   wir sind mittendrin, sind wir schon längst.
Das Leben ist nur 'ne Achterbahnfahrt,
   wir sitzen zusammen.
Wann sind wir da,
   wann sind wir da?

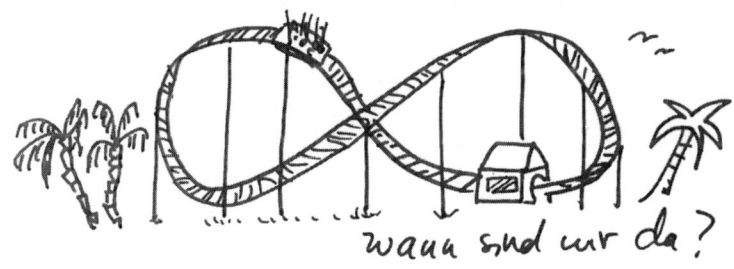

wann sind wir da?

NICHT ALLEIN, ABER EINSAM

Und so bin ich nicht allein, aber einsam,
wir sitzen doch nur physisch gemeinsam,
gedanklich sind wir beide bei uns selbst.

Wir hocken verkrampft hier auf meinem Balkon,
    plänkeln um das herum, was zählt,
dabei hätten wir beide so vieles zu sagen,
    dabei haben wir beide doch vieles gefühlt.

Ich weiß, man kann nicht immer reden –
    Smalltalk hat durchaus berechtigten Charme –,
aber wenn nicht mal *wir* Gedanken tauschen,
    mit wem besprechen wir uns dann?

Und du bist nicht mal besonders höflich,
    fragst die Fragen nur mechanisch,
hörst mich nur aus Versehen akustisch,
    nickst dann ab und zu bis gar nicht.

Wenn ich dir mein Herz ausschütte,
    mein Innerstes nach außen kehre,
dich in meinem Kopf hospitieren lasse,
    meine Seele Gassi führe,
schlägt mein Herz im Takt und deins im Offbeat.

Dann profilierst du dich allein.
Ich glaub, du weißt nicht, wie's sich anfühlt,
manchmal zwar zu zweit, aber einsam zu sein.

Ich wünschte, wir hätten uns was zu sagen
und würden auf einer Welle schwimmen.
Aber Beziehung, ohne sich zu beziehen,
ist wie Lächeln ohne Glücksempfinden.

Du hast dir dein Floß gebastelt,
spiegelst dich im Wasser und erzählst,
ohne dass ich dich gefragt hab,
ohne dass du innehältst.

Und so bin ich nicht allein, aber einsam,
wir sitzen doch nur physisch gemeinsam,
gedanklich sind wir beide bei uns selbst.

Vielleicht bin ich auch viel zu albern,
voll Selbstmitleid und eingeschnappt.
Hab einen Aufmerksamkeitsabsolutheitsanspruch,
wie's dir geht, hab ich nicht gefragt.

Und vielleicht verbirgt sich hinter deiner Fassade
jemand, der auch was vermisst insgeheim.
Ich frage mich, ob du sogar das Gefühl hast,
bei mir nicht allein, aber einsam zu sein.

Aber das kann nicht sein, ich geb dir Nähe!
Ich bin doch die, die dich gut kennt!
Ich bin doch die, mit der du redest –
empathisch, sozial kompetent!

Mein Herz liegt ausgeschüttet vor dir.
Inzwischen hat dein Floß schon Risse.
Verkrampft sein mutiert in abstruse Nuancen,
Smalltalk beherrschen ist, was ich vermisse.

Wir sind zwei Deckel, und keiner ist Topf.
Das passt nicht zusammen, und Kochen geht auch nicht.
Ich glaube, wir haben uns gar nichts zu sagen…
…und sobald ich mir sicher bin, ändert es sich.

Und plötzlich fühl ich mich bei dir nicht mehr einsam,
und wir schaffen es und kommunizieren gemeinsam,
und wir beziehen uns aufeinander und ziehen uns an.

Und weil dieses Gefühl so vergänglich ist,
konserviere ich jeden Millimoment,
und einmal, so denke ich zu fühlen,
haben wir die gleiche Herzfrequenz.

So kriegen wir beide zusammen die Kurve,
entkrampfen in eindeutiger Zweisamkeit.
Aber die Frage, ob das alles ist,
nagt in mir eine Spur, die bleibt.

Aber vermutlich denk ich zu viel, statt zu reden,
und fühl mich dann oft fehlbesetzt.
Ich spiele gedanklich noch »Finde den Fehler«,
durchleuchte, was war, und vergesse das Jetzt.

In der Hinsicht kann ich bestimmt von dir lernen,
 denk ich und sammle mein Herz wieder ein.
Und während ich sehe, wie du dasitzt und tagträumst,
 schätz ich, du weißt, wie's ist, einsam zu sein.

Dabei stand ich schon vorm Patentamt,
 mir »Einsamkeit« zu reservieren,
bei mir mein Freund das Selbstmitleid,
 um alles echt zu inszenieren.

Erleichtert trau ich mich zu sagen:
 »Liebes Selbstmitleid, ich mache Schluss!«
Auch wenn ich allein geh – ich war selten so glücklich,
 ich fühle mich befreit und selbstbewusst.

Und ich geh alleine,
in Gedanken versunken, durch den Wald
    und den Wind bis zum Mond und zurück
zu meinem Balkon –
    es ist inzwischen schon dunkel,
der Himmel ist sommernachtstraumhaft geschmückt.

Hier bleib ich stehen und betrachte die Sterne,
    irgendwo stehen sicher auch andere so da.
Ich fühl mich absurd, klein und auch melankomisch,
    und trotzdem scheint alles so unfassbar klar.

Denn jeder, jeder ist manchmal allein oder einsam,
und genau das haben wir alle gemeinsam.

Näher könnten wir uns doch kaum sein.

SILVESTERGEDANKEN

Wenn ich an das letzte Jahr denke, dann denke ich vor allem daran, dass alles anders gekommen ist, als ich erwartet hatte, und daran, dass sicher auch weiterhin alles anders kommen wird, als ich erwarte. Ich denke nicht an Meilensteine, sondern daran, dass Glück am Ende des Tages eine lose Collage aus tausend kleinen Momenten ist: Als die untergehende Sonne einen Mückenschwarm golden angeschienen hat. Als wir im Innenhof gesessen und Leute beobachtet haben wie ein Theaterstück. Als auf der Speisekarte in großen Buchstaben EGG WOLF statt EGG WAFFLE stand. Wie du mich angelächelt hast, als ich gedankenverloren am Frühstückstisch gemalt habe. Die Extrarunde beim Spazierengehen. Blühende Lilien. Im Wohnzimmer tanzen.

Wenn ich an das nächste Jahr denke, denke ich daran, was für ein Geschenk es ist, dass ich das neue Jahr betreten darf. Vielleicht sogar ein Wunder. Ich wünsche mir natürlich wie immer, den obligatorischen Marathon zu laufen, aber vor allem abstrakte Dinge: Ich möchte alle Gefühle fühlen. Ich will aufhören, mich zu entschuldigen, wenn mir jemand anders auf den Fuß tritt. Ich will dir zuhören, anstatt erraten zu wollen, was du sagen wirst, um dann darauf etwas Kluges zu erwidern. Ich will mir zutrauen, allein mit großen und kleinen Fragen umzugehen, und mir erlauben, trotzdem um Rat zu fragen. Ich wünsche mir mehr Mut, zu mei-

149

ner eigenen Verletzlichkeit und Schwäche zu stehen, und weniger Angst vor Stille und Ungewissheit. Ich möchte weniger über andere urteilen und weniger über mich selbst. Ich will loslassen, um die Hände frei zu haben für Neues. Ich möchte Wegweiser sehen, keine Sackgassen.

Es gibt immer noch etwas, von dem ich denke, dass ich es noch werden oder sein sollte, aber die Wahrheit ist: Ich möchte nicht mehr, ich möchte weniger. Weil alles genug ist. Weil ich genug bin.

STERNE FÜR STERNE

Manchmal will ich einfach nur nach Hause,
   wenn mich auf einer Party
plötzlich einfach nichts mehr hält.
   Manchmal guck ich irgendwie von draußen
auf diese einzigartige,
   aber sonderbare Welt.

Und jedes fremde Glück
   ist ein Stück Hieroglyphe,
auch wenn ich mich bemühe,
   versteh ich kein Wort.
Dann kann ich fremden Augen
   keinen Augenblick glauben,
und mir scheint kein Zuhause
   ein sicherer Ort.

151

Und der Weg zu mir bleibt lang,
    egal, wie weit ihr lauft.
Und ich kann nicht mal lachen,
    weil es irgendwie gelogen ist.
Ich lass nichts an mich ran,
    ich lass nichts aus mir raus.
Und alles um mich macht,
    dass ich irgendwie verloren bin.

In mir zieht ein Gewitter auf,
    dabei war gerade der Himmel blau,
die Kälte dringt nach innen,
    aber ich mach doch das Wetter, oder nicht?
Und dann erinnere ich,
    dass Winter nie für immer sind,
ich muss mich nicht verkriechen,
    denn ich kann mein Klima ändern, oder nicht?

Manchmal, wenn wir alles nicht verstehen
    und wenn keiner von uns mag, was er macht,
dann strahlen wir aus, es ist zu spät,
    so viel zu spät, uns hält der Tag für die Nacht.
Aber manchmal, wenn uns alles hier gefällt,
    und wir haben diese Erde so gerne,
dann leuchten wir unfassbar hell,
    so hell, uns halten andere *Sterne für Sterne*.

Manchmal will ich gern für immer bleiben,
    wenn ich auf einer Party gerade
in der Mitte tanz.
    Und wie schön es ist zu wissen, dass ich frei bin,
und weil ich nichts erwarte,
    halt ich mich an meiner Hand.

Und es gibt nichts zu fürchten,
    und ich will nicht mehr flüchten,
und meine Gefühle,
    die fühle ich laut.
Ich treffe fremde Menschen,
    als ob ich sie kenne,
und all meine Bedenken,
    die lösen sich auf.

Und ich nehme alles an,
   und ich saug alles auf.
Und ich muss fast ein bisschen lachen,
   weil das alles plötzlich einfach ist.
Und ich bleib gerne lange da,
   und ich fall gerne auf.
Und ich habe keine Angst mehr,
   weil mir alle Orte Heimat sind.

In mir geht ein Licht auf,
   und der Himmel bricht auf,
Eis taut, ich auch,
   ich kann mich nicht erinnern, wie es war.
Was ich habe, brauch ich,
   ich genieß jede Aussicht,
ich trau mich endlich raus,
   und ich hoffe, das bleibt mindestens ein Jahr.

Manchmal, wenn wir alles nicht verstehen
   und wenn keiner von uns mag, was er macht,
dann strahlen wir aus, es ist zu spät,
   so viel zu spät, uns hält der Tag für die Nacht.
Aber manchmal, wenn uns alles hier gefällt,
   und wir haben diese Erde so gerne,
dann leuchten wir unfassbar hell,
   so hell, uns halten andere *Sterne für Sterne.*

FÜR MEINE ELTERN

Ich will euch zwei Sachen sagen.

Erstens:

Ich als vollmündiger, volljähriger Bürger dieses Landes
und freier Mensch räume mein Zimmer erst genau
dann auf, wenn mir bock- und impulsmäßig danach ist.

Zweitens:

Ihr seid mein Ursprung, mein Vertrauen,
meine Insel und mein Schatz,
mein Mund formt euer Lachen,
mein Herz schlägt euren Takt.

Ich bin 9 Jahre alt, für mich ist selbstverständlich:
　　Ihr seid immer da, und Zeit ist unendlich.
Ihr seid da, wenn ich aufstehe,
　　seid da, wenn ich schlafen gehe.

Ihr baut mir ein Bett, ihr deckt mich zu,
　　und dann stellt ihr euch an die Tür,
und dann schlaf ich, weil ich weiß:
　　Ihr beschützt mich, ihr seid hier.

Ich weiß nicht, was ich machen soll,
    wenn ich euch mal verlier,
weil – ich gehör zu euch, und ihr gehört zu mir.

Ich singe die euch entsprungenen Lieder,
    und was ihr macht, mach ich auch.
Falls ich mich verliere, ihr findet mich wieder,
    und wenn ihr lacht, lach ich auch.

Ihr gebt mir Wurzeln in die eine und Flügel in die andere
    Hand und einen Kuss auf meine Stirn,
sagt mir, ich bin nicht alleine,
    dann legt ihr zwischen uns ein Band.
Sodass wir uns nie verlieren,
    sagt ihr, und dass ich gehen kann, wenn ich will.
Und dann irgendwann geh ich raus,
    aber hier draußen ist es still
so ohne euch.

Ihr seid nicht da, wenn ich aufstehe,
  und nicht da, wenn ich schlafen gehe.
Also schon, aber woanders;
  das ist nicht leicht, aber ich kann das.
Und trotzdem fehlt ihr,
  und auch wenn ihr mich nicht gefragt habt,
sag ich euch jetzt, was ich euch noch nicht gesagt hab.

Ihr seid mein Ursprung, mein Vertrauen,
meine Insel und mein Schatz,
mein Mund formt euer Lachen,
mein Herz schlägt euren Takt.

Ihr seid mein Beweis, dass Liebe mehr als Geld zählt,
  seid der Rahmen für mein Weltbild,
alles, was für mich als Held gilt.

Ihr gebt mir Halt, ohne mich festzuhalten, schafft es,
  wenn ich's nicht kann, mich auszuhalten,
würdet nichts tun, mich je aufzuhalten,
  eher bringt ihr mich dorthin.

Ich brauch nichts zeigen, und ihr seht mich,
  ich brauch nichts sagen, ihr versteht mich,
ich brauch nichts haben, und ihr nehmt mich,
  nehmt mich einfach, wie ich bin.

Wenn ich Angst hab, sagt ihr: »*Trau dich!*«
  Wenn ich weine, weint ihr auch,
dann sagt ihr mir, »Sei nicht trau*rich*«
  und dass ihr immer an mich glaubt.

Und mir kann nichts passieren,
    weil ich weiß, ihr seid noch hier,
ich gehör zu euch, und ihr gehört zu mir.

Ihr seid mein Ursprung, mein Vertrauen,
meine Insel und mein Schatz,
mein Mund formt euer Lachen,
mein Herz schlägt euren Takt.

Ich bin jetzt 19 und fühl mich vergänglich,
weil nichts ist für immer –
    und was ist schon unendlich?

Aber ich hab für uns einen Plan gemacht:
Ich werde alles, was ich vorwärtslaufe,
    auch rückwärtsgehen,
ich werde Laub an Bäume kleben
    und Uhrzeiger drehen.
Ich werde Sterne an der Erde festbinden,
    damit sie irgendwann steht,
ich werde Gegenwind gegen Wind pusten,
    bis er nicht mehr weht.
Ich werde tun, was ich kann,
    dass die Zeit nicht vergeht.

Was euch betrifft, kann ich leider nicht zulassen,
    dass ihr mal weg seid,
weil allein der Gedanke so schmerzt,
    dass der Schmerz viel zu schlimm wär.
Also darf die Zeit nicht vergehen,
    denn dann sind wir für immer.

Ihr seid mein Ursprung, mein Vertrauen,
meine Insel und mein Schatz,
mein Mund formt euer Lachen,
mein Herz schlägt euren Takt.

KEIN MODELMÄDCHEN

Manchmal wär ich gerne zarter,
*   aber das hat keinen Zweck,*
ich bin kein Modelmädchen,
*   ich bin komplett unperfekt.*

Ich bin kein süßes Mäuschen,
   keine Prinzessin, keine Diva,
bin unter weißen Pudeln
   eher der goldene Retriever.
Ich trinke sehr selten Hugo,
   dafür öfter mal Tequila,
ich spiele keine Spielchen,
   ganz direkt sein ist mir lieber.
Ich trage kaum hohe Schuhe,
   denn ich liebe meine Sneaker,
ich setz mich mitten in den Staub
   und tanz im Regen bei Gewitter.

Ich kichere niemals leise,
   meist lache ich ganz laut,
all die Dinge, die ich denke,
   spreche ich am liebsten aus.
Ich bin keine hotte Torte,
   mehr eine treue Tomate,
ich kann kein Ballett,
   ich kann Yoga und Karate.

Ich bin keine edle Elfe,
    keine Modebloggerin,
schminke ich mir ein Gesicht,
    ist es nach einer Radfahrt hin.

Manchmal wär ich gerne feiner,
    aber das hat keinen Zweck,
ich bin kein Modelmädchen,
    ich bin einfach unperfekt.

Und kein Schnappschuss von mir ist für Tumblr
    geeignet.

Ich esse Äpfel bis zum Stiel,
    auch wenn das nicht sehr vornehm ist,
in meinem Haar hängt eine Fliege,
    anstatt dass eine Blume es schmückt.
Ich bin keine Early-Morning-Beauty,
    ich bin stets von der Nacht zerzaust,
an mir sehen auch Mädchen-Jeans
    mehr so wie Boyfriend-Hosen aus.

Und ich bin nicht aus Zucker,
    mehr aus frischer Pfefferminze,
beim Sport bin ich nicht pretty,
    weil ich dabei ganz schön rot werde.
Meinen Fingerkuppen
    sieht man das Gitarrespielen an,
das ist der Grund, warum ich
    nie French Nails tragen kann.

Ich besitze bunte Kleider,
   trage aber meistens Schwarz,
mir reicht kein kleines Müsli,
   davon werde ich nicht satt.

Manchmal wär ich gerne schöner,
   aber das hat keinen Zweck,
ich bin kein Modelmädchen,
   ich bin anders, unperfekt.

Dass du ihr hinterherguckst,
   hab ich gerade genau gesehen,
und daher weiß ich auch,
   dass du auf Modelmädchen stehst.
So wäre ich heute gern eines,
   nur um dir gut zu gefallen,
aber das wäre eine Lüge,
   das könnte ich nicht halten.
Du als Modelmädchenjunge
   wirst so bleiben, wie du bist,
wir finden jeweils bald woanders,
   was das Beste für uns ist.
Aus jeder Traubensorte
   wird am Schluss ein guter Wein,
und der Mensch, der wir sind,
   der sollen wir auch sein.

Manchmal wären wir gern anders,
   doch das hat niemals einen Zweck.
Jeder ist auf seine Weise
   gut genug und auch perfekt.

EINE LIEBE BLEIBT IMMER

Ist schon okay, wenn du gehen willst.
　Ich bleib auch nicht mehr lange da.
Ich sag nur noch kurz Tschüss
　zu all den Dingen, die wir hätten sein können,
und zu all den Dingen, die wir (kurz) waren.

Und ja, es tut sauweh,
　und jetzt bin ich natürlich einsamer,
als ich es war.
　Und ja, es tut sauweh,
doch ich bin nicht allein.

Denn, weißt du, eine Liebe bleibt immer:
　Das ist die Liebe, die ich fühle,
wenn ich daran denke, dass ich leben kann,
　Und eine Liebe bleibt immer, immer hier:
Das ist die Liebe, die ich fühle,
　wenn ich daran denke, dass wir Wunder sind.
Und eine Liebe bleibt immer:
　Das ist die Liebe… nenn mich kitschig…
das ist die Liebe in mir.

Klar, voll okay, wenn du losmusst,
   ich dachte bloß, wir sind jetzt immer hier.
Aber ist ja auch schwer zu bleiben,
   wenn man weiterkann,
und die Nacht ist noch jung, und wir ja auch.

Und ****, es tut sauweh,
   und jetzt bin ich natürlich einsamer,
als ich es war.
   Und ****, es tut sauweh,
aber ich komm schon klar.

Denn, weißt du, eine Liebe bleibt immer:
   Das ist die Liebe, die ich fühle,
wenn ich daran denke, dass ich leben kann.
   Und eine Liebe bleibt immer, immer hier:
Das ist die Liebe, die ich fühle,
   wenn ich daran denke, dass wir Wunder sind.
Und eine Liebe bleibt immer:
   Das ist die Liebe… nenn mich kitschig…
das ist die Liebe in mir.

STILLE WASSER SIND ATTRAKTIV

Ich bin ein Nerd, aber kein schicker Hipster,
sondern ein Vieldenker voll Hirngespenster.
Ich surf auf keiner Modeklischeeretrowelle,
ich surf im Internet, such Lesebrillengestelle
   für echte Augen, um Bücher zu lesen
   und Texte zu schreiben,
nicht um Fotos zu schießen
   und mich bei Facebook zu zeigen.

Und manchmal hab ich das Gefühl,
   ich bin anders und allein,
keiner scheint mir ähnlich,
   keiner scheint mir nah zu sein.

Und manchmal hab ich das Gefühl,
   niemand ist wie ich,
einen Platz, an den ich passe,
   den gibt es für mich nicht.

Aber wieso fühl ich mich so anders?
Und was muss denn noch passieren?
Ich mein, was mach ich falsch?
Ich will doch bloß dazugehören!
Aber *wozu* denn gehören?
Und was soll das denn heißen?

Weil wir alle doch anders
  und dadurch wieder gleich sind.

Und es geht doch um den Inhalt
  viel mehr als um die Form,
es geht um den Einzelfall
  viel mehr als um die Norm,
es geht nicht um Physik,
  es geht um Fantasie,
vor allem geht's ums Was –
  viel mehr als um das Wie.

Es geht nicht um das, was uns trennt,
  sondern um das, was wir gemeinsam haben.
Es geht darum, dass wir uns kennen,
  mehr als darum, dass wir mal einsam waren.
Es geht nicht ums Gewinnen,
  sondern darum, dass du kämpfst.
Es geht nicht um den Takt,
  sondern darum, dass du dänct.
Es geht nicht drum, was wir haben,
  sondern um das, was wir draus machen.
Es geht nicht um den Witz an sich,
  sondern darum, dass wir lachen.
Es geht nicht darum, wie viel,
  sondern darum, dass du gibst.
Es geht nicht darum, wen,
  sondern darum, dass du liebst.
Es geht nicht darum, was und womit,
  sondern darum, dass wir uns anziehen.
Es geht nicht darum, wen und warum,
  sondern darum, dass wir uns *anziehen*.

Es geht nicht drum, was wir tragen,
wie wir lächeln, wie wir reimen.
Es geht darum, was wir sagen,
ob wir echt sind, was wir meinen.

Und vielleicht geht's auch nicht ums Happy End,
sondern heute mal nur um die Geschichte,
vielleicht geht's nicht darum, dass ich anders,
sondern darum, dass ich *ich* bin.
Vielleicht geht's auch nicht drum,
die ganze Welt zu erfassen und alles zu verstehen,
vielleicht geht's darum, »Hakuna Matata« zu sagen
und einfach mal gerne zu leben.

Denn es geht doch um den Inhalt
viel mehr als um die Form,
es geht um deinen Einzelfall
viel mehr als um die Norm,
es geht nicht um Physik,
es geht um Fantasie,
vor allem geht's ums Was –
viel mehr als um das Wie.

Und was soll das denn heißen –
jemand ist »sonderbar« und »eigenartig«?
Das sind doch bloß Synonyme
für »besonders« und von »einzigartig«.
Jemand sagt dir, du bist anders,
dann denk dir für dich:
Anders ist nicht falsch,
bloß 'ne Variante von richtig.

Und wenn du vorankommen willst,
   musst du deinen … Po bewegen,
musst deinen ärgsten Erzängsten
   tief in die Augen sehen.
Wenn du wo ankommen willst,
   musst du über härteste Schmerzgrenzen,
dich über den derbsten Berg kämpfen
   und noch ein Stück weitergehen.

Und es geht nicht drum,
   wie hoch du springen kannst,
sondern wie hoch du glaubst,
   dass du springen kannst.
Denn es geht nicht um Physik,
   es geht um Fantasie,
vor allem geht's ums Was –
   viel mehr als um das Wie!

Und wer andere abgrenzt,
   grenzt sich selber ein.
Wer andere schwach macht,
   glaubt, nicht stark zu sein.
Ich mach mein Herz weit und lass Leben rein,
   weil ich dran glaube, gut genug zu sein.

Und dann treff ich *dich* …

Und du siehst mich, und du nimmst mich wahr,
   du bist bei mir und bist für mich da,
nimmst meine Schatten, machst die Sicht klar,
machst mich wahrhaftig, machst mich sichtbar.

Und auf den ersten Blick bin ich vielleicht nicht so cool,
  für manche vielleicht sogar langweilig,
aber ich hör dir gern beim Reden zu,
  und ich mag deinen Klang,
weil ich dich mag
  und wie wir die Welt für uns drehen,
und dadurch wirst du für mich schön.

Und ich finde meinen Platz.
Und ich finde meinen Raum
  in der kleinsten gemeinsamen Schnittmenge
  aus deiner und aus meiner Welt.
Wir sind unser kleinstes gemeinsames Vielfaches,
  sind das, was uns zusammenhält.

Wir beide sind so viel mehr als die Summe unserer
  Teile,
sind so viel mehr als die Stunden, die wir teilen,
wir beide sind so viel…
… merkwürdig eigentlich,
dass ich das jetzt erst gecheckt hab…

Denn es geht um den Inhalt
  viel mehr als um die Form,
es geht um den Einzelfall
  viel mehr als um die Norm,
es geht nicht um Physik,
  sondern um Fantasie,
vor allem geht's ums Was –
  viel mehr als um das Wie.

IRGENDWIE SCHÖN

I

Es ist wieder so weit:
   Alles ist in Boxen.
Ich stehe wieder am Gleis,
   nur ich und mein Koffer.
Jeder Schritt ein *vielleicht*,
   jedes Ende noch offen,
und alles, was bleibt,
   ist ein klein wenig Hoffnung…

…dass, wohin ich auch geh,
   was auch immer passiert,
alles schon okay war
   und dass es irgendwas wird.
Ich denke an dich,
   haben uns lange nicht gesehen,
und es tut irgendwie weh.

Wohin ich auch geh,
   was auch immer passiert,
ich hoffe so sehr,
   dass es irgendwas wird.

Ich denke an dich,
   hab dich lange nicht gesehen,
ich wünschte, es wär anders,
   doch es tut irgendwie,
irgendwie weh.

2

Und ich weiß noch genau,
   wie du mir gesagt hast:
»Hab ein bisschen Vertrauen
   in deine Fragen.
Schau, da blühen wilde Rosen,
   die brauchen so wenig
(nur Wasser und Licht),
   damit sie schön sind.«

Und so ist auch das Leben,
   und genau so sind wir.
Wohin wir auch gehen,
   und was immer passiert,
es braucht nicht viel,
   und schon bald wirst du sehen:
Es wird irgendwie schön.

So ist unser Leben,
und so sind wir.
Wohin wir auch gehen,
und was uns auch passiert –
hab ein bisschen Vertrauen!
Und bald wirst du sehen
(ich weiß noch nicht, wie),
doch es wird irgendwie schön.

3

Ich hab den Mund voller Fragen,
   die alle zu laut sind,
wie »Wann bin ich da?«
   und »Wo bin ich zu Hause?«,
»Bin ich genug, wenn ich *ich* bin?«
   und »Glaubst du,
dass wir viel zu oft suchen,
   was wir nicht brauchen?«.

Und willst du nicht auch
   die Jahre zurückdrehen,
nur für einen Augenblick,
   einen Atemzug, zurückgehen,
dich umschauen und sagen:
   »Was haben wir gelebt!
Das war irgendwie schön!«?

Und fragst du dich auch,
   wohin die Jahre noch gehen?
Ich will jeden Augenblick,
   jeden Atemzug mitnehmen,
mich umschauen und sagen:
   »Was haben wir gelebt!
Das war irgendwie schön.«

4

Ich hab mich gefragt:
   »Was heißt schon *zu Hause*?«
Ich hab's dir nie gesagt,
   aber ich glaube …
es ist ein Ort in mir selbst,
   meine eigene Hoffnung,
eine innere Welt
   in einem inneren Kosmos.

Und ich sag dir Bescheid,
   wenn ich irgendwann da bin,
dann lad ich dich ein
   in meinen Garten.
Hab ein bisschen Vertrauen,
   dass du dann verstehen kannst,
dass das, was irgendwie wehtat,
   wieder vergehen kann.

Und ich sag dir Bescheid,
    wenn ich irgendwann da bin,
dann lad ich dich ein,
    und in meinem Garten
blühen wilde Rosen
    (das wirst du dann sehen!),
sie sind wir:
    irgendwie,
irgendwie schön.

5

Und es ist wieder so weit:
    Alles ist in Boxen.
Ich stehe wieder allein,
    nur ich und mein Koffer.
Jeder Schritt ein *vielleicht*
    und ein offenes Ende,
und alles, was bliebt,
    ist, dass sich alles verändert.

Und wohin ich auch geh,
    was auch immer passiert,
es braucht nicht so viel,
    dass es irgendwas wird.
Ich hab ein bisschen Vertrauen
    und kann es schon sehen,
es wird irgendwie…

Wohin ich auch geh,
  was auch immer passiert,
ich wünsch mir so sehr,
  dass es irgendwas wird.
Ich denke an dich,
  und ich hoffe, es wird schön,
und ich hoffe, dass wir uns dann…
  irgendwann,
irgendwo,
  irgendwie
sehen.

JOHN UND YOKO

Ja, ich weiß, ist alles schwierig grade,
  und ich weiß, das fühlt sich nicht gut an.
Und ich weiß, wir suchen Liebe,
  aber sie zu finden ist auch viel verlangt.

Und ich weiß, wir sind uns noch nicht sicher,
  und ich glaub, wir können nichts dafür.
Denn manchmal will man lieber, dass man nichts hat,
  davon kann man nämlich nichts verlieren.

Heute sind wir kompliziert.
  Heute sind wir mir zu viel.
Heute kommen wir noch nicht an.
  Heute nicht – doch irgendwann!

Denn irgendwann sind wir wie John und Yoko,
    chillen in Bonn oder Tokio,
auf dem Balkon unserer Wohnung.
    Und wir hören dazu Lana oder Maeckes,
und wir haben längst vergessen,
    was das war, was uns verletzt hat.

Keine Ahnung, was ich morgen fühle,
    und keine Ahnung, was du morgen sagst.
Keine Ahnung, wohin uns das führen wird,
    aber könnte sein, dass ich dich mag.

Und es stimmt, ich kann dir nichts versprechen,
    aber du legst dich ja auch nicht fest.
Ja, ich weiß, wir könnten uns verletzen,
    doch ich lern dich viel zu gerne kennen.

Heute sind wir nur Ideen.
    Heute ist nicht viel zu sehen.
Heute kommen wir noch nicht an.
    Heute nicht – doch irgendwann!

Denn irgendwann sind wir wie John und Yoko,
    chillen in Bonn oder Tokio,
auf dem Balkon unserer Wohnung.
    Und wir hören dazu Lana oder Maeckes,
und wir haben längst vergessen,
    was das war, was uns verletzt hat.

Wir sind dauerhafte Übergangslösungen,
   'ne SMS, doch aus Versehen vertippt.
Wir sind ein Zahnrad, das sich nur mit Widerstand dreht,
   und 'ne E-Mail-Skizze, aus Versehen verschickt.

Wir sind Einbahnstraßen voller Baustellen
   und ein Haus, bevor's bewohnbar ist.
Wir sind voller Macken, also nichts zum Ausstellen,
   wir sind maximal ein Prototyp.

Heute sind wir nicht so weit.
   Heute brauchen wir noch Zeit.
Heute kommen wir noch nicht an.
   Heute nicht – doch irgendwann!

Denn irgendwann sind wir wie John und Yoko,
   chillen in Bonn oder Tokio,
auf dem Balkon unserer Wohnung.
   Und wir hören dazu Lana oder Maeckes,
und wir haben längst vergessen,
   was das war, was uns verletzt hat.

Irgendwann sind wir wie Juno und Bleeker,
   spielen UNO oder FIFA,
ich trag 'nen Kimono, du Sneaker.
   Und dann tauchen wir durch Spree oder Rhein,
trinken Tee oder Wein,
   spielen im Schnee, wenn es schneit.

Irgendwann sind wir wie Allie und Noah,
   stell dir nur mal vor, man:
Jemand nennt uns »Oma«, »Opa«.
   Und wir singen dazu Tiersen oder Bach
und spazieren durch die Nacht
   zwischen Tierpark, Markt und Gracht.

Und irgendwann sind wir wie Suzy und Sam,
   und wir cruisen mit 'nem Van
über Budapest nach Gent.
   Und dann guckst du an der Ampel zu mir rüber
      und stimmst leise unser Lied an
         und fragst: »Weißt du noch, früher?«

Und ich nicke und denk:
   »Vielleicht sind wir wie Frühlingsblumen,
die immer wieder blühen,
   und für dich würd ich alles –«
Und ich nicke und denk:
   »Vielleicht sind wir wie Frühlingsblumen,
die immer wieder blühen,
   und für dich würd ich alles wieder tun.«

Und wir üben noch, wir üben noch,
die Flügel formt das Fliegen,
irgendwann werden wir riesengroß!
Und wir üben noch, wir üben noch,
die Liebe formt das Lieben,
irgendwann werden wir riesengroß!

Heute kommen wir noch nicht an,
heute nicht, doch irgendwann ... ♥

GIB NICHT AUF!

In mir ist eine Stimme, die mir schon sehr, sehr oft gesagt hat: »Versuch es lieber nicht. Es könnte sein, dass du verlierst. Was schön ist, muss kompliziert sein. Was willst du sagen? Denk lieber noch mal drüber nach. Was willst du wissen? Pass bloß auf, dass keiner merkt, dass du es noch nicht weißt. Mit wem willst du sprechen? Sag lieber nichts und warte ab. Wohin willst du? Zu weit weg! Was sagt dein Gefühl? Das wäre zu einfach! Du hast Angst vor der Wahrheit? Guck nicht hin. (Bist du verrückt?!) Wer, wie, was bist du in deinen kühnsten Träumen? Als ob. Lass es doch einfach alles los.«

Und ich habe sehr, sehr oft zugehört, bis mir aufgefallen ist, dass ich nicht alles glauben muss, was ich höre, und schon gar nicht, was ich denke. Und dann hab ich gelernt, einer anderen Stimme zuzuhören, die ziemlich genau das Gegenteil behauptet. Was ich erst mal prinzipiell unseriös fand, auch weil ich sie viel kürzer kannte.

Aber es hat sich rausgestellt, dass »lange kennen« und »words to live by« nicht zwangsläufig positiv korrelieren. Und seit ich angefangen habe, dieser zweiten Stimme zu vertrauen, sind echt eine Menge schöner Sachen passiert.

Ich will dir nicht sagen, dass das Leben nicht superkomplex ist und wir alle nicht sehr unterschiedlich sind, aber ich will mit dir teilen, was ich höre, weil ich es selber gerne früher gehört hätte.

Die zweite Stimme sagt: »Du gewinnst schon, indem du versuchst. Was schön ist, kann einfach sein. Was willst du sagen? Sag es! Was willst du wissen? Frag es! Mit wem willst du sprechen? Sag Hallo! Wo willst du hin? Fahr hin! (Wenn du kannst.) Was sagt dein Gefühl? Trau ihm! Du hast Angst vor der Wahrheit? Bitte spring mitten rein!!! (Ich hab auch Angst. Das ist okay.) Wer, wie, was bist du in deinen kühnsten Träumen? Sei der, die, das, so, alles. Denn du bist es schon längst. Und ja, du verdienst es, und ja, du bist gut genug. Gib nicht auf.«

GRÜNER WIRD'S NICHT

Da stehst du nun knöcheltief in den Startlöchern drin,
    bereit, jetzt loszulegen.
Du sagst: Auch der Startmoment soll stimm',
    brauchst Zeit zu überlegen.
Und so wartest du …
Und du wartest schon so lange auf den einen Moment,
    ohne eigentlich zu wissen, woran man den erkennt.
Du hast so viele Ziele,
    und trotzdem hältst du inn'.
Doch allein dein guter Wille –
    der bringt dich dort nicht hin.
Dann sagst du immer,
    die anderen blockieren dir das Glück.
Dabei stehst du dir selber im Weg
    und hältst dich selber zurück.

Wittgenstein sagt: Sprache schafft Wirklichkeit.
Und du redest und redest, und es tut sich so wenig.
Und die Tage vergehen und sehen sich so ähnlich.
Doch nicht abstraktes Gerede über das, was nicht ist,
    sondern praktisches Leben postuliert, wer du bist.

Denn Taten schaffen Wirklichkeit!
»Es gibt nichts Gutes, außer: Man tut es!«

Du wirst nicht gelebt,
  sondern du kannst selber leben.
Du wirst nicht bewegt,
  sondern kannst auch selber gehen.
Wähle, was du erstrebst,
  und dann kannst du's dir nehmen.
Wer zu lang überlegt,
  der verpasst ein Stück Leben.

Frag dich nicht, was richtig ist,
  sondern frag dich, was du fühlst.
Hör auf zu fragen, ob du kannst,
  sondern frag doch, ob du willst.

Und wenn ja, dann:
Zieh die Konsequenzen aus deinen Gedanken,
begib dich vom Denken ins einfache Handeln,
red nicht vom Dancen, sondern fang an zu tanzen.

Nimm die Steine aus dem Weg
  und dann feuer einen Startschuss,
lass die Leinen los, fahr auf See
  und erneuer deinen Status.
Verlass mal die Metaebene,
  veränder mal die Draufsicht,
so sicher es auch scheint:
  Leben in Gedanken taugt nicht.

Grenzen sind Phantome, gebaut von Angst,
  bloß in Gedanken.
Wenn du einmal um dich siehst,
  stehen da nirgends Schranken.
Dein Weg ist frei, ganz bis zum Horizont,
  und bietet klare Sicht,
nur gehen musst du nun alleine,
  das übernimmt keiner für dich.
Die beste Zeit ist immer jetzt,
  und viel grüner wird es nicht,
nur – du musst dich selbst bewegen,
  denn das kann keiner für dich.

NACHWEIS

Grapefruit
Lana Del Rey, »Summertime Sadness«. Interscope, Poly-
dor, 2012.

Für meinen Bruder
J. D. Salinger. *Der Fänger im Roggen*. Köln: Kiepenheuer
& Witsch, 1962.

One Day / Reckoning Text
Asaf Avidan & the Mojos, »One Day / Reckoning Song
(Wankelmut Rmx)«. Four Music, 2012.
Marteria, Yasha & Miss Platnum, »Lila Wolken«. Four
Music, 2012.
Casper, »Das Grizzly Lied«. Four Music, 2011.
Ke$ha, »Die Young«. RCA, Kemosabe, 2012.

Lass mal 'ne Nacht drüber tanzen
»Die Gedanken sind frei«. In: *Schlesische Volkslieder mit
Melodien*. Hrsg. von Hoffmann von Fallersleben und
Ernst Richter. Leipzig, Breitkopf und Härtel, 1842.
David Bowie, »Heroes«. RCA, 1977.

Wassermelonennagellackrot
Mary Hopkin, »Those Were the Days«. Apple, 1968.

Für meine Mutter
»Winde wehn, Schiffe gehn«. Erich Spohr und Hermann
  Gumbel. *Nordische Volkslieder aus Finnland und
  Schweden.* Frankfurt a. M.: Diesterweg, 1925.

Darf ich bitten?
William Shakespeare. *Romeo und Julia.* In:
  Shakespeare's Dramatische Werke. Übersetzt von
  August Wilhelm Schlegel. Berlin, bei Johann Friedrich
  Unger, 1797.

Die Ballade vom Zauberer
Michael Ende. *Der satanarchäolügenialkohöllische
  Wunschpunsch.* Stuttgart/Wien: Thienemann Verlag,
  1989.

Haikus
Erich Fromm, *Die Kunst des Liebens.* Übersetzt ins
  Deutsche von Liselotte und Ernst Mickel. Stuttgart:
  Deutsche Verlags-Anstalt, 1980.

Grüner wird's nicht
Ludwig Wittgenstein, *Tractatus logico-philosophicus.*
  London: Kegan Paul, Trench, Trubner & Co., 1922.
Erich Kästner, »Moral«. In: *Doktor Erich Kästners lyri-
  sche Hausapotheke*, Zürich: Atrium Verlag, 1936.

INHALTSVERZEICHNIS

Autorin

Julia Engelmann wurde 1992 geboren und nahm schon früh an
Poetry Slams teil. Ein Video ihres Vortrags »One Day« beim
Bielefelder Hörsaal-Slam wurde zum Überraschungshit im Netz
und bisher millionenfach gelikt. Daraus entstand die Idee zu
ihrem ersten Buch »Eines Tages, Baby«. Neben dem Slammen
gilt ihre Leidenschaft der Musik. Ihre im Goldmann Verlag er-
schienenen Poetry-Bücher sind allesamt Bestseller.

Mehr unter www.facebook.com/juliaengelmannofficial/ und
www.instagram.com/_juliaengelmann/

Julia Engelmann im Goldmann Verlag:

Eines Tages, Baby. Poetry-Slam-Texte
Wir können alles sein, Baby. Neue Poetry-Slam-Texte
Jetzt, Baby. Neue Poetry-Slam-Texte
Keine Ahnung, ob das Liebe ist. Poetry
Keine Ahnung, ob das richtig ist. Poetry
Keine Ahnung, was für immer ist. Poetry
Lass mal an uns selber glauben. Meine schönsten Gedichte

Alle auch als E-Book erhältlich.

G GOLDMANN
Lesen erleben